7 ESTRATÉGIAS PARA A **RIQUEZA** & A **FELICIDADE**

JIM ROHN

7 ESTRATÉGIAS PARA A RIQUEZA & A FELICIDADE

As poderosas ideias de um dos mais influentes pensadores do desenvolvimento pessoal

Rio de Janeiro, 2024

7 Estratégias para a Riqueza & a Felicidade

Copyright © 2024 Alaúde.

Alaúde é uma editora do Grupo Editorial Alta Books (STARLIN ALTA EDITORA E CONSULTORIA LTDA).

Copyright © 1985, 1996 Jim Rohn.

ISBN: 978-85-7881-675-9.

Translated from original 7 Strategies for Wealth & Happiness. Copyright © 1985, 1996 by Jim Rohn. ISBN 0-7615-0616-0. This translation is published and sold by Three Rivers Press, New York a division of Random House, the owner of all rights to publish and sell the same. PORTUGUESE language edition published by Alaúde, Copyright © 2024 by STARLIN ALTA EDITORA E CONSULTORIA LTDA.

Impresso no Brasil — 1ª Edição, 2024 — Edição revisada conforme o Acordo Ortográfico da Língua Portuguesa de 2009.

Dados Internacionais de Catalogação na Publicação (CIP) de acordo com ISBD

R738s   Rohn, Jim
           7 estratégias para a riqueza & a felicidade: ideias poderosas do principal filósofo de negócios da América / Jim Rohn ; traduzido por Vera Moraes. - Rio de Janeiro : Alta Books, 2024.
           160 p. ; 15,7cm x 23cm.

           Tradução de: 7 Strategies for Wealth & Happiness: Power Ideas from America's Foremost Business Philosopher
           Inclui índice.
           ISBN: 978-85-7881-675-9

           1. Autoajuda. 2. Riqueza. 3. Felicidade. 4. Negócios. I. Moraes, Vera. II. Título.

2023-756   CDD 158.1
                  CDU 159.947

Elaborado por Vagner Rodolfo da Silva - CRB-8/9410

Índice para catálogo sistemático:
1. Autoajuda 158.1
2. Autoajuda 159.947

Todos os direitos estão reservados e protegidos por Lei. Nenhuma parte deste livro, sem autorização prévia por escrito da editora, poderá ser reproduzida ou transmitida. A violação dos Direitos Autorais é crime estabelecido na Lei nº 9.610/98 e com punição de acordo com o artigo 184 do Código Penal.

O conteúdo desta obra fora formulado exclusivamente pelo(s) autor(es).

Marcas Registradas: Todos os termos mencionados e reconhecidos como Marca Registrada e/ou Comercial são de responsabilidade de seus proprietários. A editora informa não estar associada a nenhum produto e/ou fornecedor apresentado no livro.

Material de apoio e erratas: Se parte integrante da obra e/ou por real necessidade, no site da editora o leitor encontrará os materiais de apoio (download), errata e/ou quaisquer outros conteúdos aplicáveis à obra. Acesse o site www.altabooks.com.br e procure pelo título do livro desejado para ter acesso ao conteúdo.

Suporte Técnico: A obra é comercializada na forma em que está, sem direito a suporte técnico ou orientação pessoal/exclusiva ao leitor.

A editora não se responsabiliza pela manutenção, atualização e idioma dos sites, programas, materiais complementares ou similares referidos pelos autores nesta obra.

Produção Editorial: Grupo Editorial Alta Books   **Assistente Editorial:** Gabriela Paiva
Diretor Editorial: Anderson Vieira   **Tradução:** Vera Moares
Editor da Obra: Ibraíma Tavares   **Copidesque:** Rafael de Oliveira
Vendas Governamentais: Cristiane Mutüs   **Revisão:** Evelyn Diniz, Vinicius Barreto
Gerência Comercial: Claudio Lima   **Diagramação:** Rodrigo Frazão
Gerência Marketing: Andréa Guatiello   **Capa:** Lorrahn Candido

---

Rua Viúva Cláudio, 291 — Bairro Industrial do Jacaré
CEP: 20.970-031 — Rio de Janeiro (RJ)
Tels.: (21) 3278-8069 / 3278-8419
www.altabooks.com.br — altabooks@altabooks.com.br
Ouvidoria: ouvidoria@altabooks.com.br

Editora
afiliada à:

*Eu gostaria de estender a minha sincera gratidão
à equipe editorial da Prima por preparar e tornar
o meu manuscrito o livro que é hoje.*

Sumário

Introdução: O dia em que minha vida mudou........................ IX
Capítulo 1: As cinco palavras-chave.. 1

Primeira estratégia *Liberte o Poder das Metas*
Capítulo 2: Objetivos: o que motiva as pessoas 14
Capítulo 3: Metas: como defini-las 24
Capítulo 4: Objetivos (Metas): fazê-los trabalhar para você 31

Segunda estratégia *Busque Conhecimento*
Capítulo 5: O caminho para a sabedoria 42

Terceira estratégia *Saiba como Mudar*
Capítulo 6: O milagre do progresso pessoal 56

Quarta estratégia *Administre suas Finanças*
Capítulo 7: Como atingir a emancipação financeira............... 76

Quinta estratégia *Controle seu Tempo*
Capítulo 8: Como ser um gerente em tempos esclarecidos ... 96

Sexta estratégia *Cerque-se de Vencedores*
Capítulo 9: O princípio da associação 115

Sétima estratégia *Aprenda a Arte de Viver Bem*
Capítulo 10: Sua vereda para um estilo de vida enriquecido .. 123
Capítulo 11: O dia em que sua vida muda 133

Anotações 142

Introdução

O dia em que minha vida mudou

Pouco depois de completar 25 anos, conheci um homem chamado Earl Shoaff. Mal sabia eu que esse encontro mudaria minha vida...

Até então, minha vida havia sido embaraçosamente igual a da maioria das pessoas que levavam vidas monótonas de pouca realização e felicidade. Tive uma infância maravilhosa, cresci num ambiente amoroso em uma pequena fazenda no sudoeste de Idaho, próxima às margens do Rio Snake. Quando saí de casa, carregava a esperança de abocanhar uma bela fatia do sonho americano.

No entanto, as coisas não saíram como eu esperava. Depois de me formar no ensino médio, ingressei na faculdade. Mas, ao final de um ano, decidi que eu era inteligente demais para aquilo, então desisti. Isso acabou sendo um grande erro, um dos muitos erros importantes que cometeria naqueles dias. Contudo, eu estava impaciente para trabalhar e ganhar dinheiro, imaginando que não teria problemas em conseguir um emprego, o que se concretizou. Conseguir um emprego não era difícil. (Eu descobri pouco depois a diferença entre ganhar a vida e construir uma vida.)

Pouco depois, me casei. E como qualquer marido, fiz a minha esposa muitas promessas sobre o futuro maravilhoso que eu sabia estar logo ali. Afinal, eu era ambicioso, bastante sincero quanto ao meu desejo de ter sucesso, e muito esforçado. O sucesso estava garantido!

Ou, ao menos, era o que eu pensava.

Quando fiz 25 anos, tinha seis anos trabalhados, então decidi fazer um balanço do meu progresso. Suspeitava de que as coisas não iam bem. O meu salário semanal ascendeu a um total de 57 dólares. Eu estava muito aquém das minhas promessas e distanciava-me mais cada vez que a pilha de contas espalhadas sobre a mesa bamba da cozinha crescia. Até então, era um pai sobrecarregado com responsabilidades cada vez maiores e com uma família em expansão. Mas, acima de tudo, eu era um homem acomodado e conformado com o salário minguado.

Em um momento de sinceridade, notei que, em vez de progredir, estava ficando para trás financeiramente. Algo precisava mudar urgentemente... mas o quê?

Talvez apenas trabalhar duro não seja suficiente, pensei. Essa, para mim, foi uma revelação chocante, uma vez que fora levado a acreditar que a recompensa vem para aqueles que ganham a vida pelo suor de sua testa.

No entanto, estava claro como o dia que, embora estivesse "ralando muito", estava no caminho para chegar aos sessenta anos como tantas pessoas que vi ao meu redor: quebrado e precisando de assistência.

Isso me aterrorizou. Eu não poderia enfrentar esse tipo de futuro. Não aqui, no país mais rico do mundo!

Ainda assim, eu tinha mais perguntas do que respostas. O que devo fazer? Como posso mudar a direção da minha vida?

Pensei em voltar para a faculdade. Apenas um ano de faculdade não ficaria bem em um currículo. Mas com uma família para cuidar, voltar à faculdade parecia impraticável. Então pensei em abrir um negócio. Àquela altura, era uma opção empolgante! Porém, claro, eu não dispunha do capital necessário.

Afinal de contas, o dinheiro era um dos meus maiores problemas; sempre sobrava muito mês no meu salário. (Você já esteve nessa posição?)

Certo dia, perdi 10 dólares. Isso me incomodou tanto que fiquei doente por duas semanas. Sim, por conta de uma nota de 10 dólares!

Um dos meus amigos tentou me animar:

— Olha, Jim — disse ele —, talvez algum pobre coitado muito necessitado a tenha encontrado.

Mas acredite, isso não me animou. No que me dizia respeito, era eu a pessoa que precisava encontrar 10 dólares, não perder. (Devo admitir que, naquele momento, a benevolência ainda não havia se apoderado de mim.)

Então, aos 25 anos, eu estava assim: sem sonhos e sem ideia de como tornar minha vida melhor.

Foi aí que a sorte atravessou o meu caminho. Por que ela apareceu justo naquele momento? Por que coisas boas acontecem em certos períodos? Eu realmente não sei. Para mim, faz parte do mistério da vida.

Enfim, a vida sorriu para mim quando conheci um homem — uma pessoa muito especial chamada Earl Shoaff. Eu o vi pela primeira vez em uma conferência de vendas na qual ele ministrava um seminário. Não sei dizer qual dos dizeres daquela noite me fascinou, mas ainda me lembro de pensar que daria *tudo* para ser como ele.

No final do seminário, precisei de toda a coragem que pude reunir para me apresentar a ele. Mas, apesar da minha hesitação, ele deve ter visto o meu desejo de triunfar. Earl foi gentil e generoso, e pareceu gostar de mim. Alguns meses depois, contratou-me para fazer parte da sua organização de vendas.

Nos cinco anos seguintes, aprendi muitas lições de vida com o Sr. Shoaff. Ele me tratou como um filho, passou horas me ensinando sua filosofia pessoal, que agora chamo de *7 Estratégias para a Riqueza & a Felicidade.*

Então, um dia, aos 49 anos, e sem qualquer aviso, o Sr. Shoaff faleceu.

Após lamentar a perda do meu mentor, levei algum tempo para avaliar o impacto que ele teve na minha vida. Percebi que a melhor coisa que eu recebi dele não foi o emprego ou mesmo a oportunidade de crescer de um estagiário de vendas para vice-presidente executivo de sua empresa. Em vez disso, foi o que aprendi com a sabedoria de sua filosofia de vida e seus fundamentos para uma vida próspera: como ser rico e feliz.

Durante os anos seguintes, incorporei suas ideias na minha vida... e prosperei. Na verdade, ganhei muito dinheiro. No entanto, a experiência mais gratificante foi compartilhar essas ideias com meus associados e funcionários. A resposta foi entusiástica e os resultados imediatos e mensuráveis.

Embora eu me visse principalmente como um empresário e não como um autor ou palestrante, senti-me atraído pelo desafio de comunicar aos outros, de forma simples e direta, essas ideias que fazem a diferença em como a vida de uma pessoa se transforma.

● ● ●

Ao ler este livro, imagine que você está fazendo compras. Pegue e use apenas as ideias com as quais se identificar. Você certamente não precisa "comprar" tudo o que uma pessoa diz. Mas se dê uma chance. Leia as próximas páginas com a mente aberta. Se algo fizer sentido, experimente. Se não fizer, descarte.

Lembre-se de tudo que faz de você um estudioso e não apenas um mero seguidor.

Capítulo 1

As cinco palavras-chave

As ideias neste livro derivam de um grupo de palavras-chave. Portanto, para entendê-lo, e para absorver o máximo de seu conteúdo, é essencial que cheguemos a um consenso quanto ao significado de cada uma.

FUNDAMENTOS

Primeiro, vamos dar uma olhada na palavra "fundamentos". Eu defino fundamentos como aqueles princípios básicos sobre os quais o acompanhamento é construído. Os fundamentos formam o começo, a base e a realidade da qual tudo mais flui.

É uma contradição falar de novos fundamentos. É como dizer que fabricou antiguidades novas. Seria suspeito, certo? Não, os princípios fundamentais pertencem aos séculos. Eles têm sido os mesmos desde os tempos bíblicos e continuarão sendo até o fim.

Vamos usar a palavra "fundamentos" e aplicá-la ao conceito de sucesso. Se você está buscando o sucesso fundamental, o tipo de sucesso que dura, que é construído sobre uma base sólida, então você evita respostas exóticas. E acredite, há muitas respostas exóticas sendo oferecidas, especialmente no sul da Califórnia, onde eu moro.

Assim, contrário aos rumores, o sucesso é um processo simples. Não cai do céu. Não é nem mágico nem misterioso.

SUCESSO NADA MAIS É DO QUE A CONSEQUÊNCIA NATURAL DA CONSTANTE APLICAÇÃO DE SEUS FUNDAMENTOS À VIDA.

O mesmo se aplica à felicidade e à riqueza. Elas também não são mais do que a consequência natural de aplicar com insistência os fundamentos da felicidade e da riqueza à vida.

A chave é se ater aos fundamentos.

Uma Variedade de Coisas

O Sr. Shoaff, meu mentor, compartilhou certa vez:
— Jim, sempre há uma variedade de coisas que fazem 80% da diferença.

Uma variedade de coisas... que pensamento-chave.

Quer estejamos trabalhando para melhorar nossa saúde, riqueza, realização pessoal ou nosso empreendimento profissional, a diferença entre o sucesso triunfante e o fracasso amargo reside no grau de nosso compromisso em buscar, estudar e aplicar essas *variedades de coisas*.

Por exemplo, para um agricultor angariar uma colheita abundante no outono, a variedade de fundamentos em que ele deve se concentrar é bastante óbvia: solo, semente, água, sol, nutrição e cuidado. Cada componente é de igual importância porque só *juntos* eles tiram proveito de uma colheita bem-sucedida.

Deste modo, uma boa pergunta a ser feita antes de empreender qualquer novo projeto ou estabelecer novos objetivos é a seguinte: QUAIS SÃO AS VARIEDADES DE COISAS QUE FARÃO A MAIOR DIFERENÇA NO RESULTADO? Quer a empresa esteja nas artes plásticas ou na música, matemática ou física, nos esportes ou negócios, são essas variedades de fundamentos que contam.

A compreensão e a aplicação deste princípio simples é o primeiro passo inteligente para a realização de seus sonhos e objetivos.

RIQUEZA

A segunda palavra-chave para definir é riqueza. Riqueza é uma palavra controversa porque traz à mente uma grande variedade de imagens e conceitos às vezes conflitantes. Afinal, cada um vê a riqueza de uma perspectiva diferente. Para uma pessoa, a riqueza pode significar ter dinheiro suficiente para fazer o que quiser. Para outra, pode indicar a liberdade da reivindicação constante de obrigação. A outra, pode anunciar a oportunidade de crescer e ser bem-sucedida.

Porém, dessa diversidade vem a criatividade, e a criatividade pode ajudar cada um a encontrar maneiras únicas de trabalhar por uma vida de fartura.

Para a maioria, que provavelmente não pensou muito sobre o assunto, a riqueza é simbolizada apenas por uma palavra: *milionário*. Esta é uma palavra mais emocionante! Soa como sucesso, liberdade, poder, influência, prazer, possibilidade e benevolência. Certamente, ser milionário não é uma imagem mental ruim de se guardar!

Da mesma forma, a palavra riqueza incorpora mais do que conceitos econômicos. Pode-se falar da riqueza da experiência, da amizade, do amor, da família e da cultura.

No entanto, para nossos propósitos aqui, concentraremo-nos no tipo de riqueza que traz consigo a liberdade financeira — RIQUEZA QUE VEM DA CONVERSÃO DO ESFORÇO E DO EMPREENDIMENTO EM MOEDA E CAPITAL PRÓPRIO.

Para cada um, o montante específico necessário para nos sentirmos ricos será diferente. No entanto, tenho certeza de que nosso sonho básico é o mesmo: estar livre de pressões financeiras, ter liberdade de escolha e aproveitar a oportunidade de criar e compartilhar.

O que a riqueza significa para você? Qual quantia será necessária para você se sentir financeiramente livre? Não se trata de perguntas ociosas. Como você verá em breve, quanto mais claras forem as definições de seus conceitos sobre riqueza material, mais úteis serão as ideias deste livro para você.

FELICIDADE

A felicidade abraça a busca universal. É uma alegria que, em geral, acompanha a atividade positiva.

Como a riqueza, no entanto, ela também tem uma variedade de significados muitas vezes contraditórios. É a alegria da descoberta e do saber. Muitas vezes acompanha aqueles que estão plenamente conscientes das cores, dos sons e da harmonia da vida.

A alegria vem para aqueles que projetam a vida de maneira meticulosa e vivem-na artisticamente.

Ser feliz consiste em ser hábil para reagir às ofertas da vida pela percepção e pelo prazer.

O estado de felicidade é alcançado tanto ao dar e receber, quanto ao colher e doar. Ser feliz é ser capaz de se deliciar com a harmonia, tanto quanto com a comida, as ideias e o pão.

A felicidade vem para aqueles que deliberadamente expandem seus horizontes e suas experiências.

Reside nas casas daqueles que têm a capacidade de lidar com a decepção sem perder a sensação de bem-estar. Pertence àqueles que estão no controle de suas circunstâncias e de suas emoções. A felicidade também consiste em se libertar dos filhos negativos do medo, como preocupação, baixa autoestima, inveja, ganância, ressentimento, preconceito e ódio.

Aqueles que experimentam a felicidade muitas vezes têm compreensão e consciência do poder tremendamente positivo da vida e do amor.

Entretanto, a felicidade é mais do que um sentimento. É um *método de pensamento* que organiza sentimentos, atividades e estilo de vida. Em outras palavras, é uma maneira de interpretar o mundo e seus eventos.

Felicidade é ter valores em equilíbrio. É o contentamento com as tarefas diárias, incluindo as desagradáveis das quais poucos estão livres.

A felicidade é uma vida bem vivida e cheia de pessoas substanciais. É uma grande variedade de experiências e memórias que se tornam formas inestimáveis de moeda para gastar e investir.

Felicidade é atividade com propósito. É amor na prática. É tanto uma compreensão do óbvio quanto uma admiração do misterioso.

No entanto, a maioria considera a felicidade algo perdido ou um pico a ser alcançado em algum futuro distante (serei feliz assim que...). Poucos entendem que a felicidade só pode ser experimentada no *agora*. E, sim, como todas as coisas boas, a felicidade é, muitas vezes, indescritível. Mas lhe garanto que não é impossível capturá-la.

Então, como *alguém* se agarra ao pássaro-azul da felicidade? Curiosamente, compreendendo e aplicando um conceito que raramente está associado à felicidade... disciplina.

DISCIPLINA

Se há um ingrediente crítico para sua busca bem-sucedida por riqueza e felicidade é a disciplina. E, no entanto, quando se trata desse conceito, a maioria o rejeita enquanto conjura imagens de tudo que se possa imaginar, desde um sargento rígido até um professor rigoroso balançando uma régua.

Todavia, garanto-lhe que a aquisição da disciplina detém a chave para os seus sonhos e as suas aspirações. Surpreso? Então, talvez devêssemos reservar um momento para definir o que se entende por disciplina.

A disciplina é a ponte entre o pensamento e a realização... a cola que une inspiração à realização, a magia que transforma a necessidade financeira na criação de uma obra de arte inspiradora.

A disciplina é para aqueles que têm consciência de que para uma pipa voar é preciso que ela seja colocada contra o vento; que as coisas boas são alcançadas por aqueles que estão dispostos a nadar contra a corrente; que caminhar sem rumo pela vida só leva à amargura e decepção.

A disciplina é a base sobre a qual o sucesso é construído.

A falta de disciplina inevitavelmente leva ao fracasso.

No entanto, curiosamente, muitos não associam a ausência de disciplina à falta de sucesso. A maioria imagina o fracasso como um evento devastador, uma empresa falindo ou uma casa sendo tomada.

Contudo, não é assim que o fracasso acontece. A falha raramente é o resultado de algum evento isolado. Pelo contrário, é uma consequência de uma longa lista de pequenos fracassos acumulados que acontecem como resultado de pouca disciplina.

O fracasso ocorre cada vez que deixamos de pensar... é importante agir *hoje*... cuidar-se, esforçar-se, evoluir, aprender, ou simplesmente continuar... *hoje*.

Se o seu objetivo exige que escreva dez letras hoje, porém, escreveu apenas três, está atrasado em sete letras... *hoje*. Se você se compromete a dar cinco telefonemas e faz apenas um, está atrasado em quatro telefonemas... *hoje*.

Se o seu plano financeiro exige que você economize 10 reais e você não economiza nem 1 real, está em falta com 10 reais... *hoje*.

O perigo surge quando olhamos para um dia desperdiçado e concluímos que nenhum dano foi causado. Afinal, trata-se de um dia, *apenas*. Porém, soma-se a esses dias o completar de um ano, em seguida, soma-se a esses anos o completar de uma vida e, talvez, agora você perceba que repetir os pequenos fracassos atuais possa facilmente transformar sua vida em um grande desastre.

Este mesmo padrão é seguido pelo sucesso... ao contrário. Se você planeja fazer dez chamadas e supera a sua cota em quinze, você está à frente por cinco telefonemas... *hoje*. Faça o mesmo com sua correspondência e seu plano de poupança e logo verá os frutos acumulados de sua diligência ao longo de um ano e, por fim, durante a vida.

A disciplina é a chave mestra. Ela abre as portas para a riqueza e a felicidade, a cultura e a sofisticação, a autoestima e as grandes realizações, e os sentimentos que acompanham o orgulho, a satisfação e o sucesso.

O que é preciso para adquirir disciplina?

Primeiro, requer que você desenvolva uma consciência da importância da disciplina em sua vida. Comece se perguntando: "O que eu quero conquistar? O que eu preciso mudar para atingir meus objetivos?"

Em segundo lugar, pergunte-se *honestamente*: "Estou disposto a fazer o que for preciso?" Caso responda "sim", precisará assumir um compromisso de longo prazo para manter sua disciplina com sabedoria, propósito e *consistência*.

Por fim, seu compromisso será testado quando surgirem circunstâncias que possam interferir em seu compromisso com sua nova disciplina — quando você terá *que* executá-la, faça chuva ou faça sol.

Certamente a disciplina fará muito *por* você. Será ainda de maior importância o que ela fará *com* você. Isso fará com que você se sinta *ótimo*.

Mesmo a menor disciplina pode ter um efeito incrível em sua atitude. E o bom sentimento que você nutre — aquela sensação de autoestima que vem de *começar* uma nova disciplina — é quase tão incrível quanto o sentimento que vem da *realização* da disciplina.

Uma nova disciplina muda imediatamente a direção de sua vida, como um navio fazendo a volta no meio do oceano e indo em direção a um novo destino.

Há aqueles que acreditam que a disciplina não é natural — que apenas *existir* é suficiente. Eles consideram a necessidade de realizar um exercício feito pelo homem algo neurótico. Mas o fato é que a disciplina coopera com a natureza — onde tudo se esmera.

Quanto uma árvore crescerá? Ela luta contra a poderosa força da gravidade e continua buscando a luz solar para chegar a maior altitude possível. É verdade que esse esforço não é um ato consciente — até porque elas não têm cérebro. Mas *nós* recebemos a capacidade de *escolher*, conscientemente, a maneira como nos esforçamos e tudo o que podemos nos tornar.

A disciplina atrai oportunidades. Oportunidades empolgantes invariavelmente chegam àqueles que desenvolveram habilidades e que têm a ambição de agir. E aqueles que, por meio da disciplina e do compromisso, fixam seus olhos elevados, agarram-se a oportunidades que para sempre permanecem invisíveis para as almas mais tímidas.

Portanto, a disciplina é aquele processo único de pensamento e atividade inteligente que coloca uma tampa no temperamento e uma torneira na cortesia; que desenvolve a ação positiva e controla os pensamentos negativos; que encoraja o sucesso e se recusa a aceitar o fracasso; que promove a saúde e freia a doença.

Qualquer um pode começar o processo de ser disciplinado. Você pode fazê-lo aos poucos, dando um passo de cada vez.

A notícia emocionante é...

VOCÊ PODE COMEÇAR... HOJE!

Não diga: "Se eu pudesse, eu faria". Em vez de dizer: "Se eu quisesse, eu poderia...", diga: "Se eu quiser, eu posso!"

Assim, inicie o novo processo, mas comece devagar. Então, aprenda a manter seu novo compromisso. A partir desse começo aparentemente sem importância, você aprenderá como *é* ser disciplinado. E a partir daí, o céu é o limite.

Ação x Auto Delírio

Nos últimos anos, tem havido uma série de livros que promovem a ideia de que, se alguém afirma verbalmente o que quer diariamente, o sucesso surgirá como mágica.

Sou contra esse modo de pensar. Na minha experiência, afirmações sem disciplina fazem com que homens e mulheres se iludam pensando que estão progredindo quando, na verdade, sua atividade diária não os leva a lugar nenhum.

Por que as pessoas dizem uma coisa e depois agem de maneira contrária às suas afirmações?

O homem que sonha com a riqueza e, no entanto, caminha diariamente em direção a um certo desastre financeiro, e a mulher que deseja a felicidade e, no entanto, pensa e comete atos que a levam a um certo desespero; são vítimas da falsa esperança que estas afirmações tendem a fabricar. Por quê? Porque as palavras acalmam e, como um narcótico, embalam-nos em um estado de complacência. Lembre-se disso: PARA PROGREDIR, VOCÊ DEVE COMEÇAR IMEDIATAMENTE!

Então, para ter uma vida próspera, inicie um plano de prosperidade. Para se tornar rico, desenvolva um plano de "riqueza". Lembre-se, você não precisa ser rico para ter um plano de riqueza; uma pessoa sem quaisquer meios pode ter um plano para "se tornar rica".

Existem tantos tipos de planos que você pode traçar:

- Se estiver doente, trace um plano focado na saúde.
- Se estiver cansado o tempo todo, trace um plano focado na energia.
- Se faltar conhecimento, trace um plano focado na educação.
- Se pensa o tempo inteiro "*Não posso*", trace um plano focado no "Eu *posso*".

QUALQUER UM PODE!

Qualquer pessoa pode ler bons livros. A chave é dar um passo... *hoje*. Seja qual for o projeto, comece HOJE.

Comece a limpar uma gaveta de sua mesa recém-organizada... *hoje*.

Comece a definir seu primeiro objetivo... *hoje*.

Comece a ouvir podcasts motivacionais... *hoje*.

Comece a traçar um plano sensato de redução de peso... *hoje*.

Comece a contatar um cliente difícil por dia... *hoje*.

Comece a colocar dinheiro em sua nova conta de "investimento para a riqueza"... *hoje*.

Escreva uma carta há muito esperada... *hoje*.

Que diabos! Obtenha algum impulso em seu novo compromisso com a boa vida. Veja quantas atividades você pode acumular em seu novo compromisso com uma vida melhor. Vá com tudo! Afaste-se da força descendente da gravidade. Ligue os seus propulsores. Prove que a espera acabou e a esperança é coisa do passado — que a fé e a ação agora assumiram o comando.

É um novo dia, um novo começo para a sua nova vida. Com disciplina, você ficará surpreso com o quanto pode progredir. O que você tem a perder, exceto a culpa e o medo do passado?

Agora, ofereço-lhes o próximo desafio: façam deste o primeiro dia do seu novo começo, uma parte de uma semana de novos começos.

Vá em frente, veja quantas coisas você pode começar *e* continuar na semana de novos começos.

Então, faça deste o mês de novos começos... e depois o ano de novos começos. No momento em que você completar seu primeiro ano, nunca mais será reivindicado por hábitos passados, influências passadas, arrependimentos passados, fracassos passados. Como a Bíblia diz, agora você estará pronto para "voar com as águias".

SUCESSO

Sucesso é a quinta palavra-chave. E como cada um dos conceitos já discutidos, seu significado tem múltiplas facetas.

Ele também é uma noção indescritível, um paradoxo. Afinal, trata-se de uma jornada e um destino, não é mesmo?

É o progresso constante e medido em direção a um objetivo e a realização deste.

O sucesso é tanto uma realização quanto uma sabedoria que chega àqueles que entendem o poder potencial da vida.

É uma consciência do valor e o cultivo de valores que valem a pena através da disciplina.

É material e espiritual, prático e místico.

O sucesso é um processo de se *afastar* de algo e se voltar para outro melhor — da letargia ao exercício, do doce à fruta, dos gastos ao investimento.

Trata-se de responder a um convite para mudar, crescer, se desenvolver e se transformar — um convite para ir a um lugar melhor, a fim de ganhar um ponto de vista melhor.

Mas, acima de tudo, é sobre tornar sua vida o que você *quer* que ela seja. Considerando todas as possibilidades, todos os exemplos de outras pessoas cuja vida você admira, o que você *quer* da sua vida? É a grande questão!

Lembre-se: o sucesso não é um conjunto de padrões da nossa cultura, mas sim uma coleção de valores pessoais claramente definidos e, finalmente, alcançados.

● ● ●

Tornar sua vida o que almeja para você — isso é sucesso. Mas como fazer isso? É precisamente disso que trata este livro.

PRIMEIRA ESTRATÉGIA

Liberte o Poder das Metas

Capítulo 2

Objetivos: o que motiva as pessoas

Certa manhã, duas semanas após ter começado a trabalhar para o Sr. Shoaff, nós dois estávamos tomando café da manhã juntos. Quando estava prestes a terminar meus ovos, ele disse:

— Jim, vamos dar uma olhada na sua lista de objetivos para que possamos revisá-los e discuti-los. Talvez essa seja a melhor maneira para ajudá-lo agora.

— Mas eu não tenho uma lista comigo — respondi.

— Bem, está no seu carro ou em algum lugar de sua casa?

— Não, senhor, eu não tenho uma lista *em lugar nenhum*.

O Sr. Shoaff suspirou.

— Bem, jovem, parece que é melhor começarmos por ela. — Então, olhando bem nos meus olhos, ele continuou: — Se você não tem uma lista de objetivos, posso adivinhar que seu saldo bancário não passa de algumas centenas de dólares.

Ele estava certo. E isso *atraiu* a minha atenção. Fiquei atônito.

— Quer dizer que se eu tivesse uma lista com meus objetivos, meu saldo bancário mudaria? — perguntei.

— Drasticamente — respondeu ele.

Naquele dia, tornei-me um estudioso da arte e da ciência do estabelecimento de metas.

De todas as coisas que aprendi naquele início, a definição de metas foi a que teve o maior efeito na minha vida. Cada aspecto da minha existência — realizações, renda, saldo bancário, estilo de vida, doações, até mesmo minha personalidade — mudou para melhor.

Estou tão convencido de que dominar a definição de metas pode ter um efeito profundo em sua vida como teve na minha, que dedicarei um espaço considerável para discutir esse processo muitas vezes incompreendido. Na verdade, peço-lhe que faça mais do que apenas ler os próximos capítulos. Estude-os. Caso tenha um bloco de anotações à mão, melhor.

O PODER DOS SONHOS

As fases da nossa vida são afetadas por vários fatores. Um deles é o nosso ambiente: onde vivemos, que tipo de pais temos, que escolas frequentamos, quem são os nossos amigos; cada um desempenha um papel.

Também somos moldados pelos eventos em nossa vida. Uma guerra, por exemplo, pode arrancar qualquer certeza de nossa psique.

O conhecimento, ou a falta dele, também moldará nossa vida. Assim como os resultados de nosso empenho — podemos ser exaltados ou desanimados com base em nossa capacidade de alcançar os resultados desejados.

Mas de todos os fatores que afetam nossa vida, nenhum tem maior potencial para fazer o bem quanto nossa capacidade de sonhar.

Os sonhos são uma projeção da vida que desejamos ter. Portanto, quando permitimos que eles nos "deem aquele puxão", nossos sonhos desencadeiam uma força criativa com poder de dominar os obstáculos que impedem a realização de nossos objetivos.

No entanto, para libertar esse poder, os sonhos devem ser bem definidos. Um futuro confuso tem pouco poder de atração. Para alcançar seus sonhos de fato, para realmente ter seus planos futuros lhe "dando aquele puxão", seus sonhos devem ser vívidos.

Agora, existem duas maneiras de encarar o futuro: você pode encará-lo com antecipação ou pode enfrentá-lo com apreensão. Adivinha quantas pessoas encaram o futuro com apreensão? Acertou, a grande maioria.

Você conhece bem o tipo — sempre aflito, preocupado. Por que esses indivíduos estão sempre tão apreensivos? Porque eles não passaram tempo planejando o futuro. Em muitos casos, eles vivem tentando ganhar a aprovação de outra pessoa. No processo, acabam "comprando" a visão de outra pessoa de como viver. Não é de se admirar que estejam preocupados — sempre olhando ao redor, buscando aprovação para tudo o que fazem.

Por outro lado, aqueles que encaram o futuro com antecipação planejaram um futuro que vale a pena se empolgar. Eles podem "ver" o futuro em sua mente, e parece ótimo. O futuro captura sua imaginação e exerce uma enorme atração neles.

O PODER DAS METAS BEM DEFINIDAS

Os sonhos são maravilhosos, mas não são o suficiente. Não basta ter uma pintura brilhante do resultado desejado. Para erguer uma estrutura magnífica, é preciso ter um plano de como estabelecer a base, apoiar a estrutura e assim por diante. E, para isso, precisamos de metas.

Como um sonho bem definido, objetivos bem estabelecidos funcionam como ímãs. Eles puxam você em sua direção. Quanto melhor você os *define*, melhor os *descreve*; quanto mais você *trabalha* para alcançá-los, mais forte eles o atraem. E acredite em mim, quando os "buracos" da vida ameaçam paralisá-lo no caminho para o sucesso, você precisará de um ímã forte para atraí-lo para seu objetivo.

Para entender como os objetivos são cruciais, observe a vasta maioria que não tem um sequer. Em vez de projetar a vida, essas pessoas estão se enganando ao simplesmente alcançar o sucesso. Elas lutam diariamente na zona de guerra de sobrevivência econômica, privilegiando a existência ao fundamento. Não é à toa que Thoreau disse: "A maioria dos homens leva uma vida de desespero silencioso."

RAZÕES

O Sr. Shoaff me disse:

— Jim, não acho que seu saldo bancário atual seja um indicador real de seu nível de inteligência.

(Rapaz, fiquei feliz em ouvir isso!)

E continuou:

— Eu acho que você tem muito talento e muita habilidade, e é muito mais inteligente do que imagina. — E isso acabou por ser verdade; eu era mais inteligente do que eu pensava na época.

— Então, por que meu saldo bancário não é maior? — perguntei.

— Porque você não tem razões suficientes para tirar as metas do papel — respondeu meu amigo. E então acrescentou:

— Se você tivesse motivação suficiente, poderia fazer coisas incríveis; você tem inteligência suficiente, mas não razões suficientes.

Esse é de fato um pensamento-chave: TENHA RAZÕES SUFICIENTES.

Desde então, descobri o seguinte: as razões vêm em primeiro lugar, e as respostas, em segundo. Parece que a vida tem uma peculiaridade misteriosa de camuflar as respostas de tal forma que elas se tornam aparentes apenas para aqueles que são inspirados o suficiente para procurá-las — quem tem razões.

Coloquemos de outra forma. Quando você sabe o que quer e deseja muito isso, encontrará uma maneira de obtê-lo. As respostas, os métodos e as soluções que você precisa para resolver os problemas ao longo do caminho serão revelados a você.

Ei, e se você *precisasse* ser rico? E se a vida de alguém que você ama *dependesse* de você ser capaz de arcar com os melhores cuidados médicos?

Suponhamos ainda que você acabou de tomar conhecimento de um livro ou curso que lhe mostraria como fazer uma fortuna. Você o compraria? Claro que sim!

Como você já está lendo um livro sobre o sucesso, não deve ser surpresa para você que existem *vários* livros e cursos bons sobre "enriquecer". Mas se você não precisa ser rico, é provável que não vá lê-los ou usar seu tempo com isso. Há um velho ditado: "A necessidade é a mãe da invenção". Como é verdade! Com isso em mente, sempre trabalhe em suas razões, em primeiro lugar, e nas respostas, em segundo.

QUATRO GRANDES MOTIVADORES

A grande pergunta que você precisará fazer e responder é: "O que me motiva?"

Coisas diferentes motivam pessoas diferentes. Todos têm os próprios "botões de acesso". E se você fizer um exame de consciência, tenho certeza de que criará uma lista própria convincente.

Quais são esses grandes motivadores? Além do desejo óbvio de ganho financeiro, existem outros quatro grandes motivadores.

O primeiro é o RECONHECIMENTO. Grandes empresas e gerentes de vendas experientes sabem que algumas pessoas farão mais por reconhecimento do que por recompensas materiais.

É por isso que organizações de vendas bem-sucedidas, especialmente aquelas envolvidas em vendas diretas, esforçam-se muito para reconhecer qualquer realização, grande ou pequena. Eles sabem que, em nosso mundo superlotado, a maioria das pessoas sente que ninguém se importa, que eles não importam. E o reconhecimento é uma espécie de validação de seu merecimento. Com efeito, aqueles que reconhecem os outros estão dizendo: "Ei, você é especial, você faz a diferença".

Acredito que se um número maior de empresas tivesse mais cuidado em reconhecer seus funcionários — não apenas os vendedores, como também os executivos, secretários e o pessoal da manutenção —, veria um aumento inacreditável na produtividade.

A segunda razão pela qual algumas pessoas se destacam é porque gostam do SENTIMENTO de vencer. Essa é uma das melhores razões.

Se for para ser viciado em algo, que seja um vício de vencer.

Tenho alguns amigos, todos milionários, que ainda trabalham de dez a doze horas por dia ganhando mais milhões. E não é porque precisam do dinheiro. É porque eles precisam da alegria, do prazer e da satisfação que vêm de suas "vitórias". Para eles, o dinheiro não é o grande impulso; eles já têm abundância. Você sabe qual é? É a jornada — o sentimento de alegria que vem da vitória.

De vez em quando, normalmente logo depois de apresentar um seminário, alguém vem até mim e diz: "Sr. Rohn, se eu tivesse 1 milhão de dólares, nunca mais trabalharia na minha vida." Provavelmente, é por isso que o bom Deus não oferece fortuna a pessoas com tal pensamento. Elas apenas desistiriam.

O terceiro grande motivador é a FAMÍLIA. Algumas pessoas farão por seus entes queridos o que não farão por si.

Certa vez, conheci um homem que me disse: "Sr. Rohn, minha família e eu temos o objetivo de viajar ao redor do mundo.

Para fazer tudo o que almejamos será necessário um quarto de milhão de dólares por ano."

Que incrível! A família de um homem poderia afetá-lo tanto? E a resposta é: Claro! Quão afortunados são aqueles que são tão profundamente afetados pelo amor!

BENEVOLÊNCIA, o desejo de compartilhar a própria riqueza, é o quarto grande motivador. Quando o grande magnata do aço Andrew Carnegie morreu, sua gaveta de mesa foi aberta. Numa das gavetas havia uma folha de papel amarelada. Naquele pedaço de papel, datado do tempo em que ele tinha 20 e poucos anos, Carnegie havia escrito o principal objetivo de sua vida: "Passarei a primeira fase da minha vida acumulando dinheiro. E, na segunda fase, doarei tudo."

Sabe de uma coisa? Carnegie foi tão inspirado por isso que acumulou 450 milhões de dólares (o que equivale a 4,5 bilhões de dólares hoje!). E, de fato, durante a última fase de sua vida, ele teve a alegria de doar tudo.

RAZÕES PRÁTICAS

Não seria maravilhoso ser motivado a alcançar um objetivo tão elevado como a benevolência? Devo confessar, no entanto, que, nos primeiros anos da minha luta para obter sucesso, a minha motivação era muito mais manter o pé no chão. Minha razão para ter sucesso era mais básica. Na verdade, ela se enquadrava na categoria que eu gosto de chamar de "razões práticas". Uma razão prática é o tipo que qualquer um pode ter — a qualquer momento e dia — e pode fazer com que nossa vida mude. Deixe-me contar a você o que aconteceu comigo.

Certo dia, pouco antes de conhecer o Sr. Shoaff, eu estava descansando em casa, até ouvir uma batida na porta. Foi uma batida tímida e hesitante. Quando abri a porta, olhei para baixo e notei um par de grandes olhos castanhos me encarando. Lá estava uma menina frágil de cerca de 10 anos. Ela me disse, com toda a coragem e determinação que seu pequeno coração poderia reunir que estava vendendo biscoitos de escoteiras. Foi uma apresentação magistral — vários sabores, um negócio especial e por apenas 2 dólares cada caixa. Como alguém poderia recusar? Finalmente, com um grande sorriso e educadamente, ela me pediu para comprar.

E eu queria. Ah, como eu queria!

Exceto por uma coisa. Eu não tinha 2 dólares! Rapaz, fiquei envergonhado! Aqui estava eu — um pai, com nível universitário e funcionário remunerado — sem *2 dólares*.

Sem dúvida, eu não poderia dizer isso para a garotinha com os grandes olhos castanhos. Então, fiz o que me pareceu ser a melhor coisa. Menti para ela. Eu disse: "Obrigado, mas eu já comprei biscoitos de escoteiras este ano. E ainda tenho bastante estocado em casa."

Agora, é claro, isso não era verdade. Mas era a única coisa em que eu conseguia pensar para me safar. E foi o que aconteceu. A garotinha disse: "Tudo bem, senhor. Muito obrigada." Então, ela se virou e seguiu seu caminho.

Eu olhei para ela pelo que parecia ser um tempo muito longo. Por fim, fechei a porta atrás de mim e, inclinando-me de costas para ela, gritei: "Eu não quero mais viver assim. Passei por isso por estar quebrado e por ter de mentir. Nunca mais me envergonharei por não ter dinheiro no bolso."

Naquele dia, prometi a mim que ganharia o suficiente para ter sempre várias notas no bolso.

Isso é o que eu quero dizer com uma razão prática. Pode não me render nenhum prêmio pela grandeza, mas foi o suficiente para ter um efeito permanente no resto da minha vida.

Minha *história* de biscoitos de escoteiras tem um final feliz. Anos mais tarde, quando eu estava saindo do banco, onde eu havia acabado de fazer um depósito elevado e estava atravessando a rua para entrar no meu carro, vi duas garotinhas vendendo doces para uma organização de meninas qualquer. Uma delas se aproximou de mim, perguntando:

— Senhor, gostaria de comprar alguns doces?

— Bem, eu poderia — respondi brincando. — Que tipo de doce você tem?

— De caramelo de amêndoa.

— *Caramelo de amêndoa*? Esse é o meu favorito! Quanto é?

— São apenas 2 dólares.

2 dólares! Não podia ser! Fiquei empolgado.

— Quantas caixas de doces você tem?

— Eu tenho cinco.

Olhando para sua amiga, eu perguntei:

— E quantas caixas *você* tem?

— Eu tenho quatro.

— O que dá nove. Ok, eu fico com todas.

Nisso, ambas as meninas ficaram com as bocas entreabertas enquanto exclamavam em uníssono:

— Sério?

— Sim — respondi —, quero compartilhar alguns com amigos.

Animadas, elas correram para empilhar as caixas. Enfiei a mão no bolso e dei-lhes 18 dólares. Quando eu estava prestes a sair, com as caixas enfiadas debaixo do meu braço, uma das meninas olhou para cima e disse:

— O senhor é muito generoso!

Que tal isso?! Você pode imaginar gastar apenas 18 dólares e, como retribuição, ter alguém olhando para você e dizendo: "O senhor é muito generoso!"

Agora você sabe por que eu sempre carrego algumas centenas de dólares comigo. Eu nunca mais perderei chances como essa.

Deixe-me dar outro exemplo de uma razão prática para querer se sair bem. Tenho um amigo chamado Robert Depew. Bobby era professor em Lindsay, Califórnia, a capital da oliveira. Depois de anos na área, Bobby estava ansioso para fazer uma pausa e ingressar numa nova carreira. Um dia, sem contar a ninguém, ele deixou a cátedra e migrou para a área de vendas. Quando sua família descobriu, ele foi alvo de muitas críticas. Mas a pior reação veio de seu irmão, que parecia sentir grande prazer em atormentá-lo.

— Você está indo ladeira abaixo — zombou o irmão. — Você tinha um bom emprego. Agora vai perder tudo o que tem. Você deve estar fora de si.

O irmão de Bobby continuava provocando-o a cada chance que tinha. Como Bobby relata: "A maneira como meu irmão agiu me deixou com tanta raiva que decidi ficar rico".

Hoje, Bobby Depew é um dos meus amigos milionários.

Essa história, assim como o meu relato sobre "biscoitos de escoteiras", demonstra que mesmo a raiva e o constrangimento, quando devidamente canalizados, podem atuar como poderosos motivadores práticos para o sucesso.

• • •

Você tem algo a provar? Tem algum constrangimento antigo em que almeja passar a borracha? Você sabe, aquele velho ditado "a melhor vingança é o sucesso", é verdadeiro.

Como você pode ver, há quase tantas razões para as pessoas se saírem bem quanto há pessoas. A chave é TER RAZÕES SUFICIENTES. Como encontrar o "botão de acesso" (ou botões) que pode transformar uma vida de realização modesta em uma de riqueza e felicidade? Esse é o assunto do próximo capítulo.

Capítulo 3

Metas: como defini-las

No capítulo 1, discutimos a importância da disciplina. E agora vou lhe pedir para exercitar esse traço positivo.

Se você ainda não o fez, pegue um caderno ou uma agenda. Quero que você se transforme de espectador (leitor) em participante (escritor).

O tipo de dever de casa que você está prestes a fazer aqui é um pouco incomum, pois dura uma vida inteira. Trata-se de metas, que, como você aprenderá em breve, causam preocupação ao longo da vida — sempre evoluindo e mudando.

Por que você deveria passar por isso? Porque ao se envolver no cumprimento de metas, você está dando os primeiros passos para desenvolver o tipo de vida que sempre sonhou, mas nunca acreditou que se tornaria realidade. Então, vamos lá. Quanto mais cedo você se disciplinar, mais cedo desfrutará dos resultados. E, uma vez que os resultados cheguem, prometo que você não se importará nem um pouco se foi necessário algum trabalho extra e certa disciplina.

METAS DE LONGO PRAZO

Escreva o título "Metas de longo prazo" no seu caderno ou numa folha de papel. Sua tarefa é responder à pergunta: "O que eu gostaria de alcançar nos próximos dez anos?"

Para realizar este exercício de forma eficaz, a chave é levar o menor tempo possível para anotar o maior número de itens. Entre doze e quinze minutos é o suficiente. Tente anotar cerca de cinquenta itens diferentes.

Para ajudá-lo a começar, considere a seguinte meia dúzia de perguntas como diretrizes:

1. O que eu gostaria de fazer?

2. Quem eu gostaria de me tornar?

3. O que eu gostaria de ver?

4. O que eu gostaria de obter?

5. Para onde eu gostaria de ir?

6. O que eu gostaria de compartilhar?

Com essas perguntas em mente, responda à principal: "O que eu gostaria de alcançar nos próximos dez anos?" Permita que sua mente flua livremente. Não tente ser minucioso agora; isso virá mais tarde. Por exemplo, se você quiser um Mercedes 380SL cinza com um interior azul, basta escrever "380" e passar para o próximo item.

Depois de concluir sua lista, revise o que escreveu.

Em seguida, coloque o número de anos que você acredita que levará para alcançar ou adquirir cada item da sua lista. Ao lado das metas a atingir em um ano ou mais, coloque o número "1". Ao lado daquelas a alcançar em aproximadamente três anos, coloque o número "3". Ao lado daquelas a atingir em cinco anos, coloque "5". E por fim, ao lado daquelas a alcançar em dez anos, coloque "10".

Agora, verifique se seus objetivos estão em equilíbrio. Por exemplo, caso acredite que tem muitas metas para alcançar em dez anos, mas poucas em um ano, isso pode significar que você está adiando a necessidade de agir agora, adiando a data-alvo.

Por outro lado, se você tem pouquíssimos objetivos de longo prazo, talvez ainda não tenha decidido que tipo de vida deseja construir.

A chave aqui é desenvolver um equilíbrio entre metas de curto e longo prazo. (Um pouco mais tarde, discutiremos os verdadeiros objetivos de curto prazo, ou seja, as metas que levam menos de um ano para serem realizadas.)

Está um pouco perplexo com a ideia de ter muitos objetivos? Você é o tipo de pessoa que se sente mais confortável em se concentrar em um objetivo de cada vez?

Na verdade, há uma boa razão para desenvolver várias camadas de objetivos, pois, sem elas, você pode ser vítima do mesmo dilema experienciado por alguns dos primeiros astronautas da Apollo, os quais, ao regressarem da Lua, experimentaram problemas emocionais profundos. O motivo? Uma vez que você esteve na Lua, para onde mais você vai?

Após anos de treinamento, visualização e antecipação do voo lunar, aquele momento, glorioso como era, acabou. De repente, parecia haver um fim para o trabalho de uma vida, e a depressão se instalou.

Como resultado dessa experiência, posteriormente, astronautas foram treinados para terem outros grandes projetos "no forno" depois que seu trabalho espacial foi feito.

A felicidade é ilusiva. Parece que a melhor maneira de aproveitar a vida é encerrando um objetivo e, ao mesmo tempo, mergulhando em outro. É perigoso protelar muito à mesa do sucesso. A única maneira de desfrutar de outra refeição é sentindo fome.

• • •

Tudo bem, agora que você revisou e equilibrou sua lista, escolha as quatro metas de cada uma das quatro categorias de tempo (um ano, três anos, cinco anos, dez anos) que você considera as mais importantes. Agora você tem dezesseis objetivos. Para cada um, escreva um pequeno parágrafo que inclua o seguinte:

1. Uma descrição detalhada do que você deseja. Por exemplo, se for um objeto material, descreva altura, comprimento, custo, modelo, cor e assim por diante. Por outro lado, se for uma posição ou um negócio que você deseja iniciar, forneça uma descrição detalhada do trabalho, incluindo salário, nome, orçamento sob seu controle, número de funcionários e assim por diante.

2. A razão pela qual você deseja alcançar ou adquirir o item descrito. Aqui você descobrirá se realmente quer ou se é apenas uma afeição passageira. Se você não consegue chegar a uma razão clara e convincente do porquê você quer, categorize este item como um capricho, não como um verdadeiro objetivo, e substitua-o por outra coisa.

Veja bem, o que você deseja é um poderoso motivador somente se houver uma boa razão. Você pode achar que alguns objetivos que considerava importantes não têm mais apelo apenas porque você não consegue encontrar um motivo bom o suficiente para desejá-los. Isso é bom. Esta tarefa lhe ajudará a refletir, refinar e revisar. E este é o ponto principal por trás disso: ajudá-lo a planejar seu futuro.

Depois de definir seus dezesseis objetivos, copie-os em uma folha de papel separada ou em uma agenda e leve-os com você o tempo todo. Revise-os uma vez por semana para se certificar de que ainda são importantes e de que está tomando medidas ativas rumo à sua realização. Como pode ver, a definição de metas não é uma tarefa única com resultados definidos. Em vez disso, é um processo contínuo e vitalício.

OBJETIVOS DE CURTO PRAZO

Defino objetivos de curto prazo como aqueles que levam de um dia a um ano para serem alcançados. E, embora por necessidade sejam mais modestos do que os de longo prazo, são de igual importância. Um capitão de navio pode definir seu curso de longo alcance em direção ao seu destino, mas, ao longo do caminho, há muitos pontos de chegada de curto alcance que devem ser alcançados para que a viagem seja bem-sucedida.

Agora, assim como em uma viagem marítima, os objetivos de curto prazo devem estar relacionados às suas realizações de longo prazo. Porém, eles têm a vantagem distinta de serem alcançáveis no futuro previsível. Eu chamo esses tipos de objetivos de "construtores de confiança" porque sua realização lhe dá confiança para continuar. Então, quando você trabalha duro, noite adentro e completa uma tarefa específica de curto prazo, pode desfrutar de sua "vitória" e inspirar-se novamente para continuar sua jornada.

É por isso que eu lhe peço para anotar em seu caderno ou em sua agenda seus projetos de curto prazo também. Como você organiza isso depende de você. Por exemplo, você pode organizá-los por dia, por semana ou por mês. Ou você pode posicioná-los como subcategorias de seus objetivos de longo prazo.

Parte da diversão de ter uma lista é a facilidade de verificar as coisas. E quando você marcar algo como concluído, reserve um tempo para comemorar sua conquista. Pode ser um momento de reflexão satisfatório após concluir uma pequena tarefa, ou uma grande recompensa quando a realização a exige. De qualquer modo, reserve um tempo para desfrutar de suas vitórias. Isso só irá inspirá-lo a fazer mais.

Em contrapartida, assim como peço que você participe do inebriante vinho do sucesso, tenho outra recomendação menos popular: TORNE A PERDA DOLOROSA.

Veja bem, nós crescemos a partir de dois tipos de experiências: a alegria de ganhar e a dor de perder. Então, caso esteja no caminho certo para concluir um projeto e não o levou a sério, encontre uma maneira de pagar por sua preguiça. Assuma a responsabilidade pelos comportamentos positivos e negativos.

Além disso, cerque-se de pessoas que não tolerarão sua conversa fiada habitual. Não se junte a uma multidão acessível. Esteja em locais em que as expectativas e a pressão para executar são altas. Isso também faz parte de sua estratégia geral de riqueza e felicidade.

DESLIZES

Eu quero que você tenha sucesso! É por isso que estou um pouco preocupado. Veja bem, eu sei que a maioria daqueles que leem estas páginas não vai persistir em definir e refinar seus objetivos. Por quê? Porque é um trabalho demorado e árduo em termos de pensamento. E, no entanto, é irônico que muitos homens e mulheres que trabalham duro dia após dia em empregos que não necessariamente gostam, quando solicitados a ter tempo para projetar os próprios futuros, muitas vezes respondam: "Eu não tenho tempo". Eles deixam *isto*, o futuro, deslizar.

Eu sei que *a maioria* não traça planos, mas lhe peço que não faça *mais* parte dessa parcela da sociedade. Não *saia* por aí com os dedos cruzados e um olhar preocupado, *esperando* que as coisas melhorem.

Quer aceite ou não, você é, neste momento, um dos jogadores no jogo da vida. E acredite, se você não tem metas para atingir, não está jogando um jogo muito emocionante. Ninguém pagará um bom dinheiro para vê-lo jogar onde ninguém está mantendo a pontuação.

O "cara" diz: "Trabalhamos no mesmo local, quando você chegar a casa já será tarde. Você precisa comer alguma coisa, assistir a um pouco de TV para relaxar e ir para a cama. Você não pode se sentar à noite e ficar planejando, *planejando* e PLANEJANDO." E este é o cara com as prestações do carro atrasadas: um trabalhador bom, assíduo e *honesto*.

Mas, amigos, eu descobri que você pode ser honesto, trabalhar duro a vida toda e, mesmo assim, acabar quebrado e envergonhado. Você tem de ser mais do que um bom trabalhador. Mais do que honesto. Precisa ser um bom planejador, um bom definidor de metas.

Escrever seus objetivos mostra que você está comprometido com o crescimento, que você é sério. E, para ser mais, é necessário levar a sério. Você não precisa ser sombrio, mas sério. Ei, todos anseiam ir além. Mas a esperança, sem a ajuda de um planejamento claro, pode realmente magoá-lo. Como a Bíblia diz: "A esperança diferida faz adoecer o coração". É uma doença... Eu sei.

Eu costumava sofrer com a doença conhecida como esperança passiva. É ruim. A única coisa pior do que a esperança passiva é a esperança passiva feliz. É quando um homem tem 50 anos e está quebrado, mas, ainda assim, sorri e espera. Agora, isso é muito ruim. Então leve a sério. Coloque seus objetivos no papel. Por experiência própria, essa é minha sugestão para você.

Capítulo 4

Objetivos (Metas): fazê-los trabalhar para você

A Bíblia diz: "Onde não há visão profética, o povo perece". Como isso é verdade! Mas você sabe, o oposto também é verdade. Com os sonhos, podemos ser transformados de maneiras únicas e sem precedentes. Nos capítulos anteriores, mostrei como definir seus objetivos e alcançá-los. Agora você aprenderá a deixar seus sonhos moldarem sua existência.

Primeiro, você precisa entender que, uma vez que traçar metas que realmente importam, você não será mais a mesma pessoa. Objetivos reais afetarão quase tudo o que você faz durante o dia. E estarão com você onde quer que vá. Seu aperto de mão, sua maneira de se vestir, o tom de sua voz, o modo como você se sente — tudo mudará quando você tiver metas. Isso porque, quando seus objetivos são importantes, tudo o que você faz se conecta à realização deles.

Mas, para que as metas realmente o movam, para assumir o controle de sua vida, elas devem ser dignas. Certa vez, perguntei a um homem: "Quais são seus objetivos para o mês?" E ele respondeu: "Se eu pudesse apenas juntar dinheiro suficiente para pagar essas contas abomináveis..." *Eis* o objetivo dele!

Agora, não estou dizendo que pagar as contas não pode ser um objetivo, pode. Mas é um objetivo muito *ruim*. Com certeza eu não o colocaria na lista das motivações mais inspiradoras da vida. Você não pula da cama numa segunda-feira de manhã e diz: "Oh, rapaz, outra chance para ir lá e juntar dinheiro suficiente para pagar essas contas abomináveis."

Para que seus objetivos o transformem, você deve colocá-los no alto. Coloque-os bem fora do alcance, use-os para crescer e se esticar; defina-os com um grau de dificuldade elevado o suficiente para estimular sua imaginação e motivá-lo à ação.

O VERDADEIRO PROPÓSITO DAS METAS

Permita-me compartilhar um pensamento intrigante. O valor real na definição de metas não está em sua realização. A aquisição das coisas que você quer é estritamente secundária. A principal razão para estabelecer metas é compeli-lo a se tornar a pessoa necessária para alcançá-las. Deixe-me explicar:

Qual você acha que é o maior valor em se tornar um milionário? É o milhão na conta? Eu não acho. O maior valor está nas habilidades, no conhecimento, na disciplina e na qualidade de liderança que você desenvolverá ao alcançar esse status elevado. É a experiência que você adquirirá no planejamento e desenvolvimento de estratégias. É a força interior que você desenvolverá para ter a coragem, o compromisso e a vontade para atrair 1 milhão de reais.

Dê 1 milhão de reais a alguém que não possui a atitude de um milionário e essa pessoa provavelmente perderá o dinheiro. Mas tire a riqueza de um verdadeiro milionário e, em pouco tempo, ele construirá uma nova fortuna. Por quê? Porque aqueles que ganharam seu status de milionário desenvolveram as habilidades, o conhecimento e a experiência para duplicar o processo repetidamente.

Como você pode ver, quando alguém se torna um milionário, a coisa menos importante é o que ele tem. E, a mais importante, é o que ele se tornou.

Aqui está uma pergunta que você deve levar algum tempo ponderando: Que tipo de pessoa você terá que se tornar para obter tudo o que deseja? Na verdade, por que não anotar alguns pensamentos sobre isso em seu caderno ou sua agenda? Anote os tipos de habilidades que você precisará desenvolver e o conhecimento que precisará adquirir. As respostas lhe darão novas metas de desenvolvimento pessoal.

Lembre-se desta regra: A RENDA RARAMENTE EXCEDE O DESENVOLVIMENTO PESSOAL. É por isso que todos devem se sujeitar à autoavaliação.

Muitas vezes, olho para a minha vida e questiono-me: "Bem, sei o que eu quero, mas estou disposto a me tornar o tipo de pessoa ideal para obtê-lo?" Se eu sou muito preguiçoso, se não estou disposto a aprender, a ler, a estudar e a crescer para me tornar quem almejo ser, então eu não posso esperar atrair o que anseio. Agora, quando confrontado com uma escolha, devo decidir mudar a mim aos meus desejos.

NÃO SE DESESPERE

Ao estabelecer metas, ainda mais pela primeira vez, é fácil ficar sobrecarregado com o processo. Meu conselho para você é: relaxe.

Caso você não se sinta preparado para conseguir o que quer, lembre-se disso: SUA CAPACIDADE CRESCERÁ PARA CORRESPONDER AOS SEUS SONHOS. Esta é a magia do estabelecimento de metas. Quanto mais você trabalhar em seus objetivos, mais oportunidades surgirão. E dentro de cada nova oportunidade estará a semente da solução para um problema anterior, aparentemente insolúvel.

Portanto, não sinta medo de começar. A jornada irá levá-lo a muito além de sua imaginação mais ousada. Eu sei. A pessoa que eu era há 25 anos, quando conheci o Sr. Shoaff, é, hoje, um estranho para mim. Eu não sou mais essa pessoa. Eu mudei. Você também pode mudar.

Muitas pessoas sentem medo de seguir em frente por conta do fracasso e da dor causada. Elas carregam pesados fardos sobre a própria alma, fardos estes que, a menos que sejam descarregados, os sobrecarregarão para sempre.

Meu amigo, não há nada que você e eu possamos fazer sobre o passado. Passou e foi enterrado. Porém, você pode fazer muito pelo seu futuro. Você não precisa ser a pessoa que era ontem. Pode fazer mudanças em sua vida — mudanças bem surpreendentes em um período curto de tempo. Você pode aplicar mudanças que sequer cogita agora, se apenas se der uma chance.

Suas habilidades crescerão. Você aproveitará o potencial inexplorado e os talentos que você nunca soube que existiam. E, com o passar do tempo, você os extrairá das novas reservas que surgirem no fundo de sua mente criativa. Antes de perceber, você será capaz de alcançar coisas que agora parecem impossíveis. Você será capaz de lidar com coisas que nunca pensou que poderia lidar. Sua mente dará à luz ideias novas e criativas.

Por que as metas são tão poderosas? Como elas podem fazer com que tudo isso aconteça? Eu não sei. Acho que essa questão se enquadra na categoria específica que chamo de "os mistérios da vida". Tudo o que posso lhe dizer é que *funciona*. Descubra por si mesmo. Ofereça-se a chance de se tornar e realizar tudo o que pode.

PEÇA

Há um comando na Bíblia que ensina tudo o que você precisa saber para conseguir o que deseja. Isto é o que diz: "Peça". É isso — peça. Das habilidades importantes para aprender, certifique-se de que você tenha esta.

O que significa "pedir"? Significa "peça o que você quer". E a fórmula completa é impressionante. É: "Pedi e recebereis". Acho que é melhor analisarmos isso.

Primeiro, pedir inicia o processo de recebimento. Pedir é como apertar um botão que libera máquinas incríveis, tanto intelectuais quanto emocionais.

Como eu disse, não sei como ou por que funciona, no entanto, sei que funciona.

Há muitas coisas que funcionam igualmente bem, quer entendamos o mecanismo por trás delas ou não. Basta trabalhá-las! Algumas pessoas não dão o primeiro passo porque estão sempre estudando as raízes. E, depois, há outras que escolhem colher a fruta enquanto estudam as raízes. Tudo depende da sua escolha. Eu recomendo que você comece a pedir.

Em segundo lugar, receber, a outra parte da fórmula, não é um problema. Você não precisa trabalhar para receber. É automático. Então, se receber não é difícil, qual é o problema? Está deixando de pedir.

O "cara" diz: "Trabalhamos no mesmo local, quando você chegar a casa já será tarde. Você precisa comer alguma coisa, assistir a um pouco de TV para relaxar e ir para a cama. Você não pode se sentar à noite e ficar pedindo, *pedindo* e PEDINDO." E este é o cara endividado: um trabalhador bom, assíduo e *honesto*. Mas, amigos, eu descobri que você tem de ser mais do que um bom trabalhador, tem de ser um bom *pedinte*.

— Eu vejo isso agora — diz ele. — Eu me levantei todos os dias no ano passado e trabalhei duro. Mas em nenhum lugar da minha casa há uma lista das coisas que eu peço à vida.

E a *sua* lista... como está?

Em terceiro lugar, receber é como o oceano — há muito. Isto é especialmente verdadeiro neste país. É como um oceano aqui! O sucesso não é escasso. Não é racionado para que, quando chegar a sua vez, já tenha esgotado. Não, não!

Se isso é verdade, qual é o problema? O problema é que a maioria das pessoas vai em direção ao oceano de oportunidades com uma colher de chá. Consegue imaginar o que quero dizer? Uma colher de chá diante de um oceano de possibilidades! Tendo em vista o tamanho do oceano, posso sugerir que você troque sua colher de chá por algo maior? Que tal um balde? Pode não ser o melhor que você possa fazer, mas, pelo menos, as crianças não tirarão sarro...

Mais dois pensamentos a respeito de pedir...

Primeiro, peça com inteligência. A Bíblia pode não dizer: "Peça inteligentemente". Mas não tenho dúvidas de que é isso o que quer dizer. Portanto, não murmure. Você não conseguirá nada murmurando. Seja claro... e específico. Pedir de forma inteligente inclui descrever altura, comprimento, custo, modelo, cor e assim por diante. Descreva o que você quer. Defina isso. Lembre-se, metas bem definidas são como ímãs. Quanto melhor você os esculpir, mais fortes eles se atraem.

Segundo, peça com fé. A fé pode ser considerada uma parte quase infantil. Significa acreditar que você pode conseguir o que almeja. Acredite como uma criança. Sem o ceticismo e o cinismo do adulto que há em você.

Veja, muitos se tornam céticos demais. Perdemos essa fé e confiança maravilhosamente inocentes e infantis. Não deixe que isso o impeça. Acredite e tenha fé em si e em seus objetivos. E fique animado — assim como uma criança. Entusiasmo infantil — não há nada mais contagioso.

As crianças pensam que podem fazer qualquer coisa. Elas querem saber de tudo. Que maravilha! Elas odeiam ir para a cama à noite e mal podem esperar para pular da cama de manhã. As crianças podem fazer mil perguntas. E quando você acha que está pronto para a sabatina, elas farão mais mil. Elas vão levá-lo ao limite. Mas, é claro, sua curiosidade é realmente uma virtude. Quando você reacender o próprio senso infantil de entusiasmo curioso, estará no caminho para se tornar um "pedinte" magistral.

DEFINIÇÃO DE METAS E GERENCIAMENTO DE TEMPO

A gestão de tempo é um tópico popular nos dias de hoje. Todos os tipos de livros, podcasts e seminários são oferecidos a um público que está sedento por informações sobre como usar o tempo de forma mais produtiva.

E você? Gostaria de se tornar um melhor gerenciador de tempo? Então, você precisa entender isto: A MENOS QUE VOCÊ TENHA METAS, É IMPOSSÍVEL GERENCIAR O SEU TEMPO EFETIVAMENTE. A produtividade é resultado de objetivos bem definidos. A alocação de tempo não é crítica se os objetivos não forem firmes e vividamente plantados na mente. Simples assim. Esta é uma das muitas razões pelas quais colocar as metas no papel é importante.

PRIORIDADES

Uma das dificuldades que enfrentamos em nossa era industrializada é o fato de que perdemos nosso senso de estações. Ao contrário do agricultor cujas prioridades mudam com as estações, tornamo-nos impermeáveis ao ritmo natural da vida. Como resultado, temos prioridades desequilibradas. Permita-me esclarecer o que quero dizer:

Para um agricultor, a primavera é o seu momento mais ativo. É quando ele deve trabalhar o tempo todo, levantando-se antes de o sol nascer e ainda labutando à meia-noite. Ele deve manter seu equipamento funcionando em plena capacidade, porque ele tem apenas uma pequena janela de tempo para o plantio de sua safra. Então, chega o inverno, quando há menos ocupação.

Há uma lição aqui. Aprenda a usar as estações da vida. Decida quando investir e quando recuar, quando aproveitar e quando deixar as coisas seguirem o fluxo natural. É fácil continuar no expediente regular, ano após ano e perder o senso natural de prioridades e dificuldades. Não permita que um ano se misture com outro em um desfile interminável de tarefas e responsabilidades. Fique de olho em suas estações para não perder de vista o valor e o fundamento.

Principais e Secundários

Uma parte importante da definição de prioridades é aprender a separar os secundários dos principais em sua vida. Aqui está uma boa pergunta para se fazer sempre que precisar tomar uma decisão. Isto é importante ou secundário? Ao se perguntar isso, sempre com os objetivos em mente, você reduzirá o risco de passar muito tempo em projetos menores.

Em vendas, somos ensinados que existe apenas um grande momento, que é experienciado na presença de um cliente em potencial. Qualquer tempo gasto no caminho para a possibilidade, não importa o quão essencial seja, é um tempo menor. Muitos vendedores passam mais tempo "no caminho para" do que "com". E seus rendimentos refletem isso. É por isso que, em vendas, ensinamos: "Não atravesse a cidade até que tenha atravessado a rua".

O conceito de principais e secundários, ou maiores e menores, tem outra aplicação. Ele também diz para não passar menos tempo em coisas maiores. É fácil confundir os valores. Um pai passa três horas assistindo TV e apenas dez minutos brincando com as crianças. Um gerente passa a maior parte do dia preenchendo formulários e pouquíssimo tempo incentivando seus funcionários. São pessoas que perderam a noção do que é importante e do que é trivial.

Este mesmo conceito também se aplica ao dinheiro. Não invista dinheiro em coisas fúteis e, inversamente, não gaste pouco dinheiro em coisas importantes. Algumas pessoas gastam uma fortuna para alimentar o corpo e muito pouco para alimentar a mente. Gastar mais com doces do que com livros e cursos inspiradores seria tolice, certo?

O melhor uso de tempo e dinheiro vem de colocar o valor máximo nele. É chamado de investimento cuidadoso para obter o máximo de resultados.

CONCENTRAÇÃO

Qualquer atleta profissional pode falar sobre os custos horríveis da falta de concentração. Apenas um deslize momentâneo de concentração e "eles o subjugam". E lá vai o primeiro lugar e todo o investimento. Não deixe que isso aconteça com você.

Coloque a máxima atenção em tudo o que você faz. Quando escrever um e-mail, concentre-se. Tentando resolver um problema? Concentre-se. Tendo uma conversa? Isso mesmo, concentre-se. Você não acreditará no efeito que isso terá em sua vida.

Com certeza, há um tempo para deixar sua mente vagar. Mas faça isso durante o período reservado para fazer exatamente isso. E quando divagar, não faça mais nada. Saia para aquela caminhada na praia ou aquela viagem nas montanhas — longe das pressões da vida. Deixe a brisa soprar através de seu cabelo e deixe sua mente voar. Devaneio. Isso é bom para você. Mas faça isso apenas no momento que você designar como "tempo de devaneio". Nos outros momentos, concentre-se.

UMA DOSE DE REALIDADE

Há um último ponto a considerar... Mesmo com o melhor plano de ação cuidadosamente pensado, você não conseguirá tudo o que deseja. Eu sei. Como posso dizer isso depois de passar tanto tempo mostrando como conseguir tudo o que você quer? Estou me contradizendo?

Por que você não consegue tudo o que quer? Porque, meu amigo, não vivemos no tipo de mundo em que isso é possível. Às vezes, vai cair granizo em sua colheita e chover em seu desfile. Às vezes, os cupins da vida corroerão suas fundações. Não é justo, certo? Talvez não. Mas como você e eu não fomos consultados no planejamento inicial, precisamos aceitar como as coisas são.

A boa notícia, no entanto, é que também há muitas boas notícias. Caso trabalhe no sistema que acabei de compartilhar com você, terá mais do que a abundância. Na maioria das vezes, você conseguirá o que quer. E essas são chances muito boas — as melhores que existem.

• • •

Metas. Não há como dizer o que você pode fazer quando se inspira nelas. Não há como dizer o que você pode fazer quando acredita nelas. Não há como dizer o que acontecerá com você quando age de acordo com elas. Basta experimentar este sistema por noventa dias. Apenas experimente! Pode até funcionar melhor para você do que para mim.

É o que desejo a você.

SEGUNDA ESTRATÉGIA

Busque Conhecimento

Capítulo 5

O caminho para a sabedoria

Uma das estratégias fundamentais para se ter uma boa vida é saber de quais informações você precisa para alcançar seus objetivos. E, uma vez que você sabe do que precisa, pode utilizar como suporte para saber a hora de recolher esse conhecimento.

De tudo o que o Sr. Shoaff fez por mim naqueles primeiros dias, uma das melhores coisas foi compartilhar o valor do estudo.

Ele disse: "Caso deseje ser bem-sucedido, estude o sucesso. Caso deseje ser feliz, estude a felicidade. Caso deseje ganhar dinheiro, estude a aquisição da riqueza. Aqueles que alcançam essas coisas não o fazem por acaso. É uma questão de estudar primeiro e praticar depois."

Você gostaria de adivinhar quantas pessoas fazem da riqueza um estudo? Certo, pouquíssimas. Considerando os muitos homens e mulheres que buscam riqueza e felicidade, você pensaria que eles fariam um estudo cuidadoso, não concorda? Porque não o fazem é mais uma questão na categoria especial que chamo de "mistérios da vida".

Há muitos anos, aprendi que alguns dos melhores conselhos já dados vêm da Bíblia. Há uma frase nela que diz:

"buscai e encontrareis". Então, esse é o caminho para descobrir novos conhecimentos que criam ideias. Buscar. A fim de encontrar algo, você deve primeiro procurar. Precisa de uma grande ideia para mudar sua vida? Raramente, ela surgirá do nada. Porém, se fizer uma busca diligente pelos dados de que você precisa, a ideia certa virá até você, muitas vezes, quando menos espera.

CAPTURAR OS TESOUROS DO CONHECIMENTO

Aqui está outra palavra fundamental para você refletir: captar. Grandes ideias passam bem rápido e são facilmente esquecidas bem como acontece para com aqueles momentos que fazem a vida valer a pena. É por isso que é tão importante aprender a capturar as coisas que realmente importam.

Primeiro, aprenda a capturar momentos especiais. Use uma câmera. Tire muitas fotos. Ser capaz de capturar um evento em uma fração de segundo é um fenômeno do século XX. E como é fácil dar reconhecimento aos fenômenos!

Deixe-me falar sobre uma experiência recente. Nos últimos três anos, fui convidado para palestrar em Taiwan. Na minha viagem mais recente para dar um seminário de fim de semana, havia cerca de mil pessoas presentes. Agora, se havia mil pessoas, adivinhe... quantas câmeras também estavam na sala? Certo, mil! Todos trouxeram uma câmera para capturar os momentos, os novos amigos, as novas experiências. Passei a maior parte do meu tempo lá posando para fotos.

Você já viu as fotos de algumas gerações passadas? Infelizmente, há raríssimas ainda em circulação. No entanto, não seria maravilhoso se, em vez disso, tivéssemos imagens suficientes para contar toda a história de como era a vida há cem anos? Portanto, não seja indiferente. Certifique-se de deixar toda a *sua* história através de um tesouro de fotos e vídeos.

Outra maneira de capturar conhecimento é em sua biblioteca pessoal. Não me refiro aos livros que seu designer de interiores comprou porque combinavam com a decoração azul. Refiro-me àqueles livros com orelhas e bem definidos — aqueles que você escolheu estudar e grifar; livros com anotações feitas nas margens; livros que ajudaram a moldar seus valores de filosofia de vida. *Esses* são realmente um tesouro que vale a pena capturar!

Hoje, com nosso conceito expandido de comunicação, eu também incluiria neste tesouro os áudios e vídeos que estão tornando nossa vida melhor. Isso também é um legado especial para nossos filhos.

Enfim, você desejará capturar o conhecimento que adquire enquanto vive. É por isso que encorajo você, como um estudante sério de riqueza e felicidade, a fazer uso de um diário ou uma agenda como um ponto de encontro para as ideias que surgem em seu caminho. O que surgirá, aos poucos, é um tesouro incrível: ideias de negócios, sociais, culturais, ideias de investimento, de estilo de vida. Você consegue imaginar o valor disso? Certamente este tipo de tesouro é uma herança mais valiosa do que o seu antigo relógio!

PARA ADQUIRIR SABEDORIA

Há duas maneiras de angariar sabedoria. A primeira é aprender com a própria vida. A segunda é estudar a vida dos outros.

Reflexão Pessoal

Repasse suas experiências de vida. Aprenda a habilidade de reflexão, que é o ato de ponderar os eventos da vida com a intenção de aprender com eles. Chamo este processo de "reexecução dos vídeos". Os eventos de sua vida são algumas das melhores fontes de informação. Portanto, não se limite a passar por seus dias, aproveite-os. Esteja ciente do que está acontecendo ao seu redor para que você possa registrar o dia profundamente em sua consciência.

Há um tempo e um lugar para tudo. Há momentos para agir e momentos para refletir. A maioria não usa o tempo para refletir seriamente. Com a agenda lotada, muitas vezes, negligencia essa parte crucial da fórmula para o sucesso.

No final do dia, reserve alguns momentos para rever os acontecimentos: onde você foi, o que você fez, o que você disse. Reflita sobre o que funcionou e o que não, o que você quer repetir e evitar. Tente se lembrar dos incidentes da forma mais vívida possível. Lembre-se das cores, das vistas, dos sons, das conversas e das experiências.

Veja bem, a experiência pode se tornar um produto comercial ou uma circulação monetária — uma fonte incrível de valor. Mas só pode se *tornar* essas coisas se você dedicar um tempo para registrar a experiência, ponderá-la e, em seguida, transformá-la em algo de valor. Afinal, não é o que acontece com uma pessoa que fará a diferença em sua vida. Pelo contrário, é o que essa pessoa faz com o que lhe aconteceu que determina o resultado. E, para fazer algo positivo a respeito da vida, devemos colher informações valiosas sobre ela.

Outro bom momento para refletir é no final de períodos importantes, como uma semana, um mês ou um ano. No fim de semana, reserve algumas horas para refletir sobre os eventos dos últimos sete dias. No final de um mês, selecione um dia. E, no final de um ano, leve uma semana para revisar, ponderar e refletir sobre as coisas que aconteceram em sua vida.

Pessoas sofisticadas aprendem com o passado e investem no futuro. Quando meu pai completou 76 anos, eu disse a ele: "Pai, você pode imaginar como será pegar os últimos 75 anos e investi-los em seu septuagésimo sexto?!"

Você já pensou na vida dessa maneira? É assim que ela pode se tornar produtiva e continuamente emocionante. Não viva apenas mais um ano. Em vez disso, reúna os anos e invista-os no próximo. Não tenha apenas outra conversa. Em vez disso, reúna todas as suas conversas passadas e invista-as nas que virão.

Então, comece uma nova disciplina. Descubra, observando sua vida, o que e como as coisas funcionam neste mundo. Nunca diga que viveu sem saber. Você pode não ser capaz de fazer tudo o que encontrou, mas certifique-se de descobrir tudo o que pode fazer. Você não quer viver apenas para descobrir que viveu apenas um décimo dela, deixando os outros nove pedaços descerem pelo ralo.

Ao estudar sua vida, certifique-se de focar os pontos negativos, bem como os positivos, seus fracassos, assim como seus sucessos. Nossos chamados fracassos nos servem bem quando nos ensinam lições valiosas. Muitas vezes, são melhores aprendizados do que nossos sucessos.

Uma das maneiras pelas quais aprendemos a fazer algo certo é errando. Errar é um curso valioso na vida. Agora, eu sugiro que você não faça este curso por muito tempo. Se você tem errado nos últimos dez anos, não recomendaria mais dez. Mas, se você aprende depressa, não há maneira melhor e mais eficaz emocionalmente do que com a experiência pessoal.

Quando conheci o Sr. Shoaff, eu tinha seis anos trabalhados. Pouco depois de nos conhecermos, ele me perguntou:

— Jim, há quanto tempo você trabalha?

Eu respondi.

— Como você está? — inquiriu ele.

— Não muito bem. — disse, um pouco irritado por admitir isso.

— Então, sugiro que você não faça mais isso. — respondeu ele. — Seis anos é tempo demasiado para operar o plano errado.

Então, ele perguntou:

— Quanto você economizou nos últimos seis anos?

— Nada. — admiti timidamente.

Erguendo as sobrancelhas, ele me disse:

— *Quem* vendeu esse plano a você?

Que pergunta fantástica. De onde *eu* tirei esse desastroso plano? Ei, todo mundo comprou *o plano de alguém*. A questão é: *quem?*

De quem é o plano comprado?

Agora, devo dizer-lhes que esses confrontos iniciais com suas experiências passadas serão dolorosos. Isso é bem real, se você cometeu tantos erros quanto eu. Mas pense na recompensa! Pense no progresso que você pode fazer quando finalmente confrontar esses erros!

Aprendendo com os outros

Outra maneira de obter conhecimento é indiretamente, ou seja, por meio das experiências de outras pessoas. E você pode aprender com o sucesso dos outros, bem como com seus fracassos. Uma das razões pelas quais a Bíblia é um bom instrutor é porque contém a coleção de histórias da humanidade, tanto as boas como as ruins registradas.

Uma listagem de histórias é chamada de "exemplos". A mensagem é: faça o que essas pessoas fizeram. A outra listagem é chamada de "avisos". A mensagem é: não faça o que esses tolos fizeram. Quanta riqueza de informações!

Mas talvez haja ainda outra mensagem. Se a sua história fizer parte do livro de alguém, certifique-se de que ela seja usada como um exemplo e não como um aviso.

Há três maneiras pelas quais se pode aprender com os outros:

1. Através de literatura publicada, como livros e áudio ou vídeo.

2. Ouvindo a sabedoria e a loucura dos outros.

3. Por meio de observações de vencedores e perdedores.

Vamos discutir essas áreas uma a uma:

Livros e Mídia

As pessoas de sucesso com quem tive contato são boas leitoras. Elas leem bastante. É a curiosidade delas que as leva a ler. Elas simplesmente *precisam* saber. Constantemente buscam novas maneiras de se tornarem melhores. Aqui está uma boa frase para lembrar: TODOS OS LÍDERES SÃO LEITORES.

Houve um tempo em que a publicação sempre se referia a material impresso, como livros. Mas hoje podemos aprender por meio do milagre da publicação eletrônica também. Estou me referindo a áudios e vídeos, ambos são maneiras diferentes de se adquirir o conhecimento.

Muitas das pessoas mais ocupadas que conheço usam de áudio para aprender durante tempos improdutivos. Por exemplo, elas costumam ouvir os áudios enquanto dirigem seus carros. Ouvir é uma maneira fácil de adquirir ideias inovadoras e novas habilidades.

Você sabia que existem milhares de livros e áudios sobre como ser mais forte, mais decisivo, um orador melhor, um líder mais eficaz, um amante melhor; como desenvolver influência; encontrar um parceiro; tornar-se mais sofisticado; começar um negócio — e milhares de outros tópicos úteis? E, no entanto, muitas pessoas não usam essa riqueza de conhecimento. Como você explica isso?

Sabia ainda que milhares de pessoas bem-sucedidas colocaram suas histórias inspiradoras no papel? E, no entanto, as pessoas não leem. Como você explicaria isso?

O "cara" diz: "Trabalhamos no mesmo local, quando você chegar a casa já será tarde. Você precisa comer alguma coisa, assistir a um pouco de TV para relaxar e ir para a cama. Você não pode se sentar à noite e ficar lendo, *lendo* e LENDO." E este é o cara endividado: um trabalhador bom, assíduo e *honesto*. Mas, amigos, eu descobri que você tem de ser mais do que um bom trabalhador, tem de ser um bom *leitor*.

E se você não gosta de ler, pelo menos, ouça um bom áudio a caminho de casa.

Agora você não precisa ler livros ou ouvir áudios noite adentro (porém, se você está quebrado, não é uma má ideia). Tudo o que peço é que você dedique apenas trinta minutos por dia ao aprendizado. Isso é tudo.

Você quer se sair bem realmente? Estique seus trinta minutos para uma hora. Caso não seja possível, pelo menos, gaste trinta minutos. Ah, sim, aqui está mais uma coisa: não abdique dessa prática. Perca uma refeição, mas não seus trinta minutos de aprendizado. Podemos nos dar ao luxo de dispensar algumas refeições, mas nenhum de nós pode se dar ao luxo de perder ideias, exemplos e inspiração.

A Bíblia nos ensina que os seres humanos não podem viver apenas consumindo pão. Ela nos diz que, ao lado da comida, nossa mente e alma devem ser nutridas por palavras. Infelizmente, a maioria das pessoas sofre de desnutrição mental.

Há pouco tempo, eu disse à minha equipe: "Algumas pessoas leem tão pouco que têm raquitismo mental." Não basta só alimentar sua mente, você deve se certificar de que tem uma dieta mental bem equilibrada. Não alimente apenas sua mente com as coisas fáceis. Você não pode viver apenas de doçuras mentais.

Pense no seu tempo de leitura como o tempo de "alcançar o tesouro das ideias". E se alguém tem uma boa desculpa para não explorar o tesouro das ideias por pelo menos trinta minutos todos os dias ou não investir algum dinheiro na aquisição de conhecimento, então, eu gostaria de ouvi-lo. Algumas das desculpas você não acreditaria!

— John, eu tenho essa mina de ouro. Tenho tanto ouro que não sei o que fazer com tudo isso. Venha e cave. — eu disse.

— Mas eu não tenho uma pá. — retruca John.

— Bem, John, vá buscar uma.

— Você sabe quanto estão pedindo por pás, hoje em dia? — pergunta ele.

Ei, invista o dinheiro. Obtenha os livros e áudios que você precisa para sua autoeducação. Não se engane quando se trata de investir em um futuro melhor.

O Sr. Shoaff me fez começar com os livros desde o início. Ele disse: "Torne-se autodidata. A educação padrão lhe trará resultados padrão. Verifique os números de renda daqueles com uma educação padrão e veja se é isso o que quer. Se não for, caso queira mais do que a média, deverá se tornar autodidata." Então, fui trabalhar na elaboração de uma biblioteca. Hoje, eu tenho uma das melhores.

O Sr. Shoaff recomendou alguns livros para me ajudar a começar. Um deles era a Bíblia, que eu já tinha. Consiste em 66 livros, meus pais cuidaram para que eu estivesse bem familiarizado com eles, então, achei que era um bom começo.

Ele também insistiu que eu pegasse *Quem pensa enriquece*, de Napoleon Hill. Se você ainda não o leu, sugiro que corra e obtenha uma cópia.

Devo ter lido este grande livro várias dezenas de vezes. O Sr. Shoaff disse: "A repetição é a mãe da habilidade." E, do jeito que minha conta bancária estava, eu precisava de muita habilidade.

Quando olho para trás, as informações do livro valeram dezenas de milhares de dólares para mim. E, no entanto, comprei-o por centavos. Isso me ensinou uma lição poderosa: PODE HAVER UMA GRANDE DIFERENÇA ENTRE CUSTO e VALOR. Antes de conhecer o Sr. Shoaff, eu costumava perguntar: "Quanto custa?" Mas ele me ensinou a perguntar: "Quanto vale?" Quando comecei a basear minha vida no valor, em vez do preço, várias coisas começaram a acontecer.

Lembre-se: VOCÊ É O QUE VOCÊ LÊ.

Uma das primeiras coisas que faço quando visito uma pessoa é olhar para ela por meio de sua biblioteca. Eu descubro mais sobre ela olhando os livros e a coleção de áudios do que por meio de conversas fiadas.

Em especial, uma biblioteca, ou a falta de uma, apresenta-me o que uma pessoa está pensando ou se ela está pensando. A escolha de livros e áudios revela os pensamentos, desejos e valores predominantes de uma pessoa.

O que sua biblioteca diz a seu respeito? Veja, ler livros não é um luxo de lazer, é uma necessidade para aqueles que querem crescer. Então, não seja como alguns dos meus amigos que pensavam que a formatura do ensino médio ou da faculdade lhes dava licença para nunca mais ler um livro de novo. Comece a ler. E leia especialmente os tipos de livros que o ajudarão a liberar seu potencial interior.

Você está pensando agora em todos os livros que deve ler? Então aqui está uma boa notícia: você não precisa ler todos os livros de uma só vez. Tente ler dois livros por semana. E se isso parecer muito, escolha dois livros finos para começar. Faça isso por dez anos e você acabará lendo mais de mil livros! Você acha que adquirir o conhecimento ofertado por mil livros influenciará as muitas dimensões de sua vida? Claro que sim.

Agora, também é verdade que, se você não tem lido dois livros por semana nos últimos dez anos, você está mil livros atrás daqueles que o fizeram. Está começando a entender a desvantagem incrível que terá em dez anos se você entrar no mercado dois mil livros atrás? Porque, para alguns dos confrontos mais sofisticados, você servirá como bucha para canhão. Eles irão mastigar você e depois cuspi-lo.

Mas isso não é tudo. Você também perderá algumas oportunidades fantásticas por causa da falta de conhecimento. E sua filosofia será muito superficial para sustentá-lo através das dificuldades da vida. Habilidades e conhecimento ausentes, falta de insight, conhecimento, valores, estilo de vida são todos resultado da não leitura de livros. Lembre-se, o livro não lido é aquele que não pode ajudá-lo. Você não pode ler muitos livros, mas você pode ler alguns.

Ouvir

Ouvir é uma maneira maravilhosa de aprender. Deixe-me propor-lhe uma ideia ultrajante: Escolha uma pessoa bem-sucedida de fato e leve-a para jantar. Uma pessoa pobre (e somos pobres em comparação com alguém, não importa o quão bem estejamos) deve investir na alimentação de uma pessoa rica. E depois fazer o quê? Isso mesmo – *ouça*.

Vá em frente, experimente. Gaste cinquenta, sessenta, oitenta, até cem reais. Vá para os nove cursos completos. Comece com os aperitivos e faça perguntas. Coma a salada (levará cerca de quinze minutos) e mantenha a conversa em andamento. O maior bife da cidade levará 45 minutos para ser consumido — continue fazendo perguntas. Peça a sobremesa. Veja por quanto tempo você pode esticar a refeição. Tente por, pelo menos, duas horas. Se você conseguir alguém assim para conversar com você por duas horas, poderá aprender estratégias e atitudes suficientes para multiplicar sua renda e mudar sua vida.

De fato, você está certo. As pessoas pobres não levam os ricos para jantar. É bem provável que eles sejam pobres por isso.

O "cara" diz: "Se ele é rico, que ele compre seu próprio jantar! Não vou arranjar dinheiro nenhum. Além disso, trabalhamos no mesmo local, quando você chegar a casa já será tarde. Você precisa comer alguma coisa, assistir a um pouco de TV para relaxar e ir para a cama. Você não pode gastar todo esse tempo tentando encontrar um homem rico para alimentar." E este é o cara endividado: um trabalhador bom, assíduo e *honesto*. Mas, amigos, eu descobri que você tem de ser mais do que um trabalhador assíduo e honesto, tem de ser um bom *ouvinte*.

Observar

A terceira maneira de aprender com os outros é observando. Veja o que as pessoas de sucesso fazem. Por quê? Porque o sucesso deixa pistas. Assim, observe como o homem bem-sucedido aperta a mão de outra pessoa. Veja como a mulher bem-sucedida questiona. As pessoas que se saem bem possuem os hábitos do sucesso. Elas criam padrões de comportamento vencedor, assim como o retardatário cria padrões de comportamento perdedor. Você quer ser promovido? Observe seus superiores. Quer ganhar tanto dinheiro quanto seu tio? Observe como ele administra seu dinheiro e estilo de vida.

Uma das razões pelas quais é uma boa ideia participar de seminários ministrados por pessoas de sucesso é porque você pode observá-las. Nenhum livro, por melhor que seja, pode transmitir o poder silencioso da comunicação não-verbal. É por isso que os vídeos estão se tornando ferramentas maravilhosas para uma comunicação perfeita.

Portanto, torne-se um bom observador. Não perca nenhuma pista que possa ajudá-lo a tornar sua vida melhor.

INVESTIR NO FUTURO

A busca pelo conhecimento é uma das estratégias para a riqueza e a felicidade. Que pensamento poderoso, gastar tempo em uma busca consistente, disciplinada e proposital por conhecimento.

Mas, como tudo o que vale a pena, há um preço a pagar. E isso, infelizmente, impede alguns inertes. A busca pelo conhecimento envolve fazer um investimento. Na verdade, existem três tipos de investimentos necessários para que você embarque com sucesso na jornada:

Primeiro, será preciso gastar dinheiro. É preciso investir em livros e participar de seminários. É por isso que eu recomendo que você crie seu fundo educacional.

A cada mês, reserve uma parte da sua renda e invista na sua busca por conhecimento. Gaste o dinheiro para cultivar o gigante adormecido dentro de você. Despesa — é um preço pequeno. A promessa é de potencial ilimitado.

Mais importante do que o dinheiro é o seu próximo gasto: o tempo, que é uma grande despesa. Compreenda isso. Uma coisa é pedir a uma pessoa que gaste dinheiro, outra coisa completamente diferente é pedir-lhe o seu tempo.

Infelizmente, não há atalhos. Até o momento em que inventarem uma máquina que possa ser conectada para derramar conhecimento no cérebro, tomará tempo — precioso tempo.

Em contrapartida, a vida tem uma maneira única de recompensar o alto investimento: com alto retorno. O investimento de tempo que você faz agora pode ser o catalisador para uma grande realização.

Enfim, você estará fazendo um investimento de esforço. Há muito mais esforço envolvido na aprendizagem séria do que na aprendizagem casual. Em tudo o que você fizer, utilize da auto-observação, leitura ou observação dos outros, assim, a intensidade de seus esforços terá um efeito profundo na quantidade de conhecimento que você ganhar.

Uma mente focada é como um tiro de rifle mental que atinge um alvo: uma ideia. E para ser tão focado é preciso muito esforço concentrado. Mas é precisamente esse esforço que abrirá as portas para o lugar onde as grandes ideias podem trabalhar sua magia especial para aproximá-lo da riqueza e da felicidade.

TERCEIRA ESTRATÉGIA

Saiba como Mudar

Capítulo 6

O milagre do progresso pessoal

Certo dia, o Sr. Shoaff disse:

— Jim, se você quiser ser rico e feliz, aprenda bem esta lição: Esforce-se mais para si do que para o seu trabalho.

Desde então, venho trabalhando no meu progresso pessoal. Sou obrigado a admitir que esta tem sido a tarefa mais desafiadora de todas. Este negócio de desenvolvimento pessoal dura a vida toda.

Veja, o que você se torna é muito superior ao que você obtém. A pergunta mais importante a se fazer no trabalho não é: "O que estou ganhando?" E, sim, "Quem estou me tornando?" Ganhar e se tornar são como gêmeos siameses: quem você se torna influencia diretamente o que você ganha. Pense nisso desta maneira: a maior parte do que você tem hoje foi atraída por quem você é atualmente.

Então, aqui está a grande máxima da vida: PARA SE TER MAIS DO QUE SE TEM, TORNE-SE MAIS DO QUE SE É. Sua atenção deverá se concentrar mais nessa parte. Caso contrário, você pode ter que lidar com a máxima de não mudar, que é: A MENOS QUE MUDE QUEM VOCÊ É, VOCÊ SEMPRE TERÁ O QUE TEM HOJE.

A renda raramente excede o progresso pessoal. Às vezes, a renda dá um salto afortunado, mas a menos que você saiba lidar com as responsabilidades que vêm com ele, em geral, a renda encolherá de volta para o valor com o qual você é capaz de lidar.

Se alguém lhe der 1 milhão de reais, é melhor você se apressar para se tornar um milionário. Um homem muito rico disse certa vez: "Se pegasse todo o dinheiro do mundo e o dividisse igualmente entre todos, logo voltaria aos mesmos bolsos de antes".

É DIFÍCIL MANTER O QUE NÃO FOI OBTIDO POR MEIO DO DESENVOLVIMENTO PESSOAL.

VALOR

Quando comecei, havia várias coisas me intrigando. Eu costumava me perguntar: "Por que uma pessoa recebia 2 mil reais por mês e outra recebia quatro vezes mais por mês quando ambas trabalhavam para a mesma empresa, lidavam com o mesmo produto, trabalhavam pelo mesmo período e tinham a mesma formação?"

Que intrigante! Por que uma pessoa se sairia duas vezes melhor economicamente? Na área de compensação, qual é a diferença entre 2 e 4 mil por mês? (E não me venha com "2 mil reais"! Esse tipo de diferença eu poderia ter sacado na época.)

"Deve ser uma questão de horário", pensei. "Algumas pessoas se saem bem melhor porque têm mais tempo. A Maria deve sair-se bem. Ela tem muito tempo. Se eu tivesse o tempo que a Maria tem, eu também poderia me sair bem." Isso tem de ser estúpido, certo? Você não pode obter o tempo de outra pessoa.

Certa vez um homem me disse: "Se eu tivesse algum tempo extra, ganharia mais dinheiro". Eu falei: "Então, você terá que esquecer disso. Não existe isso de 'mais tempo'. Onde você encontraria algum?"

Ouça, meu amigo, quando o relógio bater meia-noite, é isso! Está tudo acabado. Não existe isso de "mais tempo". Se você insistir em aumentar mais hora em um dia de 24, eles o interpretarão como louco.

Então, se não é possível criar mais tempo, o que você poderia criar para fazer a diferença nos resultados econômicos? A resposta para isso é *valor*. O valor faz a diferença. Você não tem como criar mais tempo, mas pode se tornar mais valioso.

Este conceito de valor é uma lição primária em economia. Se você trabalha na linha de montagem ou vende bens ou serviços, é pago pelo valor. Agora, eu sei que você ocupará seu tempo trazendo valor para o mercado. Mas você não é pago pelo tempo, e sim por valor e produtividade.

Por engano, o "cara" diz: "Eu ganho 20 reais por hora". Isso não é verdade! Se fosse, ele poderia simplesmente ficar em casa e fazer com que eles enviassem o dinheiro. Não, ele não recebe 20 reais por hora. Ele recebe 20 reais pelo valor que foi colocado na hora em que trabalha. Pagar por hora nada mais é do que uma maneira conveniente de medir a antecipação desse valor.

Por isso é importante perguntar: "É possível se tornar duas vezes mais valioso e ganhar o dobro de dinheiro por hora? Existe uma maneira de eu me tornar três ou até quatro vezes mais valioso pela mesma hora?" E a resposta é: "Claro!" Você *pode* se tornar mais valioso *se*... (Há sempre um *se*, não? A vida é conhecida como o Grande "Se". Harry Truman disse uma vez: "A vida é incerta.") *se* for trabalhar principalmente em si.

Veja, é fácil ser "enganado". O "cara" diz: "Eu tenho dez anos de experiência. Não sei por que não estou melhor." O que ele não percebeu é que não tem dez anos de experiência. O que ele tem é um ano de experiência repetida dez vezes. Ele não fez uma única melhoria ou inovação em nove anos!

Todo mundo quer mais dinheiro. Mas a maioria das pessoas procura isso nos lugares errados. Nosso "cara" diz: "Preciso de mais dinheiro. Vou tentar convencer meu chefe." Bem, eu descobri que os chefes são notórios por não serem imprudentes com o caixa da empresa. Nunca vi um chefe ficar subitamente empolgado e, sem motivo algum, triplicar o salário de alguém.

Algumas pessoas dizem: "Vamos exigir mais". O problema é que, uma vez que você começa a atacar, praticamente terá que fazer greve na próxima vez que o contrato acabar. Além disso, ao exigir, tudo o que você receberá serão migalhas, apenas o suficiente para sobreviver. Esqueça os métodos que só o ajudarão a *sobreviver*.

Ouça, você pode se virar com um pedaço de pão e um par de sapatos. Mas isso não é para você. Afinal, você não está lendo este livro para obter as migalhas que caem da mesa da vida. Você quer o banquete, não é?

Conheço alguns vendedores que sempre procuram abordagens. Eles dizem: "Vamos arranjar alguns desses livros de vendas que ensinam a arte de vender. Vamos explorá-los, ofuscá-los com falatório e pegar o dinheiro deles antes que saibam o que lhes aconteceu." Bem, eu acho que você pode tentar isso. Mas minha experiência me diz que, a menos que se dê um valor justo, você acabará no final da escala econômica.

Não é o que você obtém por truques que conta. Não é o que você obtém exigindo que conta. É o que você obtém pelo desempenho produtivo que conta de fato.

Eu costumava pensar que o desempenho vinha de razões externas. Mas acho que o desempenho real vem daqueles que têm as coisas certas dentro de si. Sempre procurei as respostas do lado de fora. Então aprendi que o sucesso e a felicidade não são valores a serem perseguidos, mas a serem desenvolvidos.

Frequentemente as pessoas me perguntam: "Como faço para obter uma renda acima da média?" A resposta é: torne-se uma pessoa acima da média. Como?

Para começar, desenvolva um aperto de mão acima da média. Algumas pessoas que dizem que querem ter sucesso sequer trabalham em seu aperto de mão. Por mais fácil que seja melhorá-lo, elas deixaram passar. Não entenderam. Você quer estar acima da média?

Desenvolva um sorriso acima da média; desenvolva um interesse acima da média nos outros; desenvolva uma intensidade acima da média para vencer. Isso mudará tudo.

Não há nada mais inútil do que procurar um emprego acima da média com remuneração acima da média sem se tornar uma pessoa acima da média. Eu chamo isso de *frustração*.

Eu costumava dizer: "Espero que as coisas mudem". Essa parecia a minha única esperança. Se as condições não mudassem, eu estaria em sérios problemas. Então, eu descobri que *nada* mudaria e senti como se estivesse me afogando.

Não muito tempo atrás, apresentei um seminário em Honolulu para um grupo de executivos de empresas petrolíferas. Estávamos sentados em torno de uma enorme mesa corporativa ladeada por altos executivos de todo o mundo quando um deles me disse:

— Sr. Rohn, você conhece pessoas importantes em todo o mundo. Como você acredita que serão os próximos dez anos?

— Senhor, *eu* conheço as pessoas certas, de fato. Posso dizer *exatamente* o que vai acontecer. — Respondi. Quando disse isso, a sala emudeceu. Continuei: — Com base nas pessoas que conheço e na minha experiência, concluí que nos próximos dez anos será como sempre foi.

(Agora, você não está feliz por eu estar compartilhando isso com você? Não é *qualquer um* que consegue ouvir isso.)

Devo admitir que eu disse isso para abaixar um pouco a crista desse grupo pomposo de figurões. No entanto, eu também disse isso porque é absolutamente verdade!

A maré sobe, e depois? Correto... ela baixa. Tem sido assim por, pelo menos, 6 mil anos de história registrada, e, talvez, por bem mais tempo do que isso. Fica claro e depois o quê? Escurece... É assim que tem sido por, pelo menos, 6 mil anos. Não devemos mais nos assustar com isso.

Se, quando o sol se põe, alguém pergunta: "O que está acontecendo?", nós, de certo, sabemos que a pessoa não tem muita experiência com o mundo, certo?

A próxima estação após o outono é... acertou de novo. Inverno. Com que frequência o inverno segue o outono? Toda vez, sem falha... por, pelo menos, 6 mil anos.

É verdade que alguns invernos são longos e outros curtos, alguns são difíceis e outros fáceis. Mas não importa o que eles são ou como são, sempre vêm depois do outono. *Não mudará.*

Por vezes você pode compreender, às vezes é um enigma. Às vezes vai bem, outras tantas um desastre. Às vezes se navega, outras se ata aos nós. Veja, não mudará. Depois de 6 mil anos de história registrada, a vida é uma mistura de oportunidade e dificuldade. Foi assim e assim será.

O "cara" diz: "Bem, então, como minha vida vai mudar?" E a resposta é: "Sua vida só mudará quando *você* mudar."

Sempre que falo, quer me dirija a executivos de negócios ou a crianças do ensino médio, minha mensagem é a mesma: "A única maneira de algo melhorar é melhorando". MELHOR NÃO É ALGO QUE VOCÊ DESEJA, É ALGO QUE VOCÊ SE TORNA.

AS ESTAÇÕES DA VIDA

Aqui estão duas frases que eu quero que você considere: A primeira é: "A vida e o comércio são como as estações". A segunda é: "Você não pode mudar as estações, mas pode mudar a si".

Agora, com essas duas frases como guias, vamos dar uma olhada nas estações da vida e em como você pode lidar melhor com elas:

Inverno: um tempo para crescer forte

Em primeiro lugar, aprenda a lidar com os invernos. Há todos os tipos de invernos. Há invernos econômicos, quando os lobos financeiros estão à porta; há invernos físicos, quando a nossa saúde é atingida; há invernos pessoais, quando nosso coração é esmagado em pedaços. Inverno. Decepções. Solidão. Foi assim que os Blues foram escritos.

Então, a grande questão é como lidamos com os invernos. Algumas pessoas vão ao calendário, arrancam o mês de julho e fingem que ele não está lá. Mas essa é uma abordagem infantil. Não resolve nada.

Deixe-me lhe dizer o que as pessoas maduras fazem: elas se fortalecem. Tornam-se mais sábias. Elas melhoram.

Não é uma má ideia usar o inverno para o progresso pessoal. Antes que eu entendesse isso, costumava passar meus invernos procurando pelos verões. Eu não entendia.

Então, finalmente, quando eu estava passando por uma queda nas vendas, o Sr. Shoaff disse: "Não deseje que fosse mais fácil, mas que você fosse melhor. Não deseje menos problemas, e sim, mais habilidades. Não deseje menos desafios, mas mais sabedoria." Desde então, eu não posso, honestamente, dizer-lhe que eu tenho apreciado os invernos, mas eu posso dizer-lhe que eu os usei para me preparar para a primavera, que *sempre* vem depois do inverno.

Primavera: um tempo para tirar proveito

Aprenda a aproveitar a primavera. Que ótimo lugar para a primavera ser, logo após o inverno. A oportunidade segue a dificuldade. A expansão segue a recessão — assim como um relógio. Deus é um gênio.

A primavera é o momento de aproveitar. Anote estas duas palavras. TIRAR PROVEITO. Não deixe que o clima ameno o confunda. Caso queira ficar bem no outono, este é o momento de plantar as sementes. Na verdade, todos têm que se destacar em uma das duas coisas. Ou se tornar bons em plantar na primavera ou aprender a mendigar no outono.

Portanto, ocupe-se na primavera. Há apenas um punhado de primaveras para cada um. Os Beatles escreveram: "A vida é muito curta". E, para John Lennon nas ruas de Nova York, a vida foi ainda mais curta.

Verão: um tempo para cuidar

Aprenda a nutrir e a proteger suas colheitas durante o verão. Você pode apostar que, assim que plantar, os insetos e as ervas daninhas tentarão destruir sua colheita. E eles terão sucesso, a menos que você os impeça.

Eis a maior lição do verão: parte do sucesso é aprender a proteger o que você criou.

Aqui estão duas verdades que você aprenderá durante seus verões:

Primeiro, você aprenderá que o bem será atacado. Não me pressione pelo motivo. Não sei o por quê. Mas eu sei que é verdade. Todo jardim será invadido. Não entender isso é ser ingênuo.

Em segundo lugar, você aprenderá que os valores devem ser defendidos. Todos os valores — sociais, políticos, conjugais, comerciais — devem ser defendidos. Todo jardim deve ser cuidado durante o verão. A menos que você defenda o que acredita, quando chegar o outono, você não terá mais nada.

Outono: um tempo para assumir a responsabilidade

O outono é a estação em que colhemos os resultados de primaveras e verões. A maturidade pode ser definida pela nossa capacidade de assumir total responsabilidade pelas culturas que tendemos, sejam elas abundantes ou escassas.

Aceitar a plena responsabilidade é uma das formas mais elevadas de maturidade humana — e uma das mais difíceis. É o dia em que você passa da infância para a idade adulta.

Saiba apreciar o outono sem desculpas ou reclamações — sem desculpas se você se saiu bem e sem reclamações se não. Não é fácil, mas é a coisa madura a se fazer.

Eu costumava ter muitos problemas nessa área, nos primeiros dias da minha jornada. Apenas no caso de alguém perguntar, eu costumava levar comigo uma lista das razões pelas quais eu não estava indo bem. Minha lista, que eu previsivelmente chamei de "razões para não ir bem", incluía muitos álibis.

Eu culpei o governo, que estava no topo da minha lista.

Culpei os impostos. "Veja só o que sobra depois que eles lhe tiram tudo."

Culpei os preços. "Você entra em um supermercado com 20 reais e sai com meia dúzia de coisas."

Culpei o clima.

Culpei o trânsito.

Culpei meu carro e o fabricante.

Culpei meus parentes negativos: "Eles estão sempre me colocando para baixo".

Culpei meus vizinhos cínicos.

Culpei a comunidade.

Ei, eu tinha muitas boas razões para não ir bem. Pelo menos achava que sim.

O Sr. Shoaff era muito gentil, mas também era contundente. Um dia, ele olhou para mim e, com uma expressão curiosa no rosto, perguntou:

— Jim, apenas por curiosidade, por que você não se saiu bem até agora?

Excelente pergunta, não?

Bem, para que eu não parecesse mal, decidi percorrer minha lista. Como tive coragem, nunca saberei, mas tive.

Passei por toda a ladainha — o governo, os impostos, os preços — tudo. Ele ouviu pacientemente enquanto eu passava por tudo aquilo. Quando terminei, ele olhou para a minha lista por alguns momentos. Por fim, abanando a cabeça, ele disse:

— Há apenas uma coisa errada com sua lista... Você não está nela.

Depois, eu rasguei a minha lista de "razões para não ir bem". Então peguei um pedaço de papel novo e coloquei uma palavra no topo: "Eu".

Há um hino gospel que diz tudo: "Não é minha mãe, nem meu pai, nem meu irmão, nem minha irmã, sou eu, Ó Senhor, que estou na necessidade de oração". Eu costumava culpar as coisas fora de mim pela minha falta de progresso até descobrir que o problema estava dentro de mim.

Não é o que acontece que determina o resultado. O que acontece, acontece. E isso acontece com todo mundo.

Dois irmãos têm um pai abusivo e alcoólatra. Um se tornou um criminoso, o outro um juiz. O mesmo evento — resultados diferentes. Como pode ser isso? É porque não é o que acontece, mas sim o que você e eu fazemos sobre isso que importa. Tudo pode acontecer, certo? Ouvi todas as histórias; eu fui uma dessas histórias. Nós poderíamos contar histórias de guerra por dias a fio.

Você já ouviu falar da Lei de Murphy? Murphy tem essa lei que diz: "Se algo pode dar errado, então vai dar". E isso acontece! Comigo também, eu caí várias vezes — uma vez, no valor de 2 milhões de dólares. Devastador! (Demorei um pouco para superar esse.)

Agora eu admito que para algumas pessoas um par de "moinho" não é tanto assim. Mas era tudo o que eu tinha. Isso é muito, não é todo dia que você perde tudo o que tem. Em algum momento você ficou sem dinheiro e teve de recomeçar do zero. Caramba, hoje eles deixarão você "zerado" por conta do dinheiro emprestado. Hoje em dia, eles vão enterrá-lo com crédito.

Mas isso acontece.

Todo mundo tem sua história. Alguém diz: "Sim, mas você não entende as decepções que tive". Sem essa! Todo mundo tem decepções. As desilusões não são presentes especiais reservados a alguém. A questão é: o que você vai fazer sobre elas?

LIMITAÇÕES AUTOIMPOSTAS

Para sermos bem-sucedidos, temos de trabalhar para eliminar as limitações autoimpostas que atrasam o nosso desenvolvimento pessoal. E não importa quem você é, existem três limitações autoimpostas com as quais você precisa lidar. Deixe-me falar sobre elas.

A primeira limitação é a procrastinação. A procrastinação é especialmente perigosa por causa de sua natureza acumuladora: quando adiamos a realização de alguma tarefa menor, ela não parece ser tão importante. E se deixarmos algumas coisas passarem durante o dia, não parecerá um dia tão ruim. Mas deixe que um número suficiente de tarefas se acumule e você terá os ingredientes de um ano desastroso.

Outra limitação autoimposta é a culpa. Em um momento ou outro, culpamos alguém por alguma coisa. Temos tido um longo treinamento nessa limitação autoimposta, desde um certo jardim de frutas, onde o homem disse: "Foi a mulher. Ela me colocou nisso." E a mulher culpou a serpente.

Por que apontamos o dedo em vez de olhar para dentro? O ego se esforça para se defender. Portanto, quando culpamos forças externas, não precisamos enfrentar nossas fraquezas e falhas. Esta deve ter sido a razão para eu manter a minha infame lista de razões.

Um dos meus itens favoritos na lista era o alto custo de tudo. Porém, um dia, após alguma declaração insana que fiz sobre o custo de um item, o Sr. Shoaff me interrompeu.

— Ouça, Jim — disse ele — o custo não é seu problema. Não é que custará muito. O problema é que *você* não conseguirá pagar.

Ele estava certo.

Nunca é culpa do outro. Se você continuar transferindo a responsabilidade para outrem sempre estará quebrado e desiludido. Você nunca ganhará o suficiente. Mas quando você começa a pensar em termos de "eu" em vez de "isso", você experimentará uma onda de crescimento pessoal e renda. Desculpas, a terceira limitação autoimposta, é uma estreita relação de culpa. Adivinha quantas desculpas existem? Certo, milhões! E as pessoas criam mais 1 milhão no decorrer de suas vidas. Na verdade, as pessoas vão a grandes extremos para evitar enfrentar a verdade — que é que são eles os responsáveis. Acredito que eles preferem criar 1 milhão de desculpas do que ganhar 1 milhão de reais. (Você não pode ter os dois.)

Então, aqui está a pergunta fundamental que você deve responder: O que você vai fazer, a partir de *hoje*, para melhorar? Realmente se resume a isso: se você não se livrar de algumas de suas limitações autoimpostas, os próximos cinco anos serão aproximadamente os mesmos que os últimos, exceto que você será cinco anos mais velho. Mas, assumindo a responsabilidade e se livrando de suas limitações autoimpostas, você pode, em vez disso, tornar-se cinco anos melhor. Agora, *isso* não soa mais emocionante?

Há muitos que têm pouca fé na própria capacidade. Eles se perguntam: "O que sou capaz de fazer? O que posso mudar para fazer a diferença em minha vida?"

Deixe-me primeiro lhe dar a resposta ampla a estas perguntas. Você pode fazer as coisas mais notáveis, não importa que tipos de invernos a vida jogue em seu caminho. As pessoas podem subir a alturas inacreditáveis quando chamadas: uma mulher levanta um carro de duas toneladas para salvar seu filho; um homem sobrevive à fome e à doença em um campo de concentração porque sonha em ver sua família; os imigrantes começam uma nova vida lavando pratos e, dentro de cinco anos, economizando e economizando, possuem os próprios negócios prósperos com dezenas de nativos em sua folha de pagamento. Notável!

Eu também descobri que as crianças podem fazer coisas notáveis — isto é, se elas têm coisas notáveis para fazer. Basta afastá-los da TV e desafiar sua mente e seu corpo; elas crescerão para serem pessoas notáveis. (Eu também descobri *que* se elas não têm coisas notáveis para fazer, não há como dizer o que farão. Mas isso é outra questão...)

Os seres humanos podem fazer coisas incríveis porque são notáveis. Você e eu não somos amebas, peixes, pássaros ou cães. Nós podemos transformar nada em algo, centavos em fortuna, desastre em triunfo. Em contraste, quando um cão brinca com ervas daninhas, ele acaba com ervas daninhas. O motivo? Ele é apenas um cachorro. Não tem a capacidade de criar.

Portanto, aceite o fato de que você é notável. Prospere com a sua singularidade! Estenda a mão para dentro de si e traga mais de seus dons notavelmente humanos. Eles estão lá, esperando para serem descobertos e colocados em uso.

Depois de trazer os seus dons, você pode mudar qualquer coisa que precise mudar:

Se você não gosta de como é agora, mude.
Se não for suficiente, mude.
Se não lhe convier, mude.
Se não lhe agradar, mude.

Lembre-se: **VOCÊ PODE MUDAR AS COISAS PARA MELHOR QUANDO VOCÊ MUDAR A SI PARA MELHOR.**

Afinal, você não é apenas uma planta ou um animal dependente do comportamento instintivo. Você é um ser humano, uma criação notável.

Nós somos sofisticados demais para pensar que podemos mudar simplesmente lendo este resumo de visão filosófica. Será preciso muito mais do que isso. O que será preciso? Talvez eu deva primeiro dizer-lhe o que não será preciso fazer...

Algumas pessoas lhe dirão: "O entusiasmo faz toda a diferença". Ouvimos muito sobre entusiasmo nos dias de hoje. O velho clichê persevera. Na típica reunião de vendas, ainda se ouve isso sendo cantado em staccato uníssono por um coro de vendedores de olhos marejados:
"Para.ser.en.tu.si.as.ta.você.precisa.sentir.en.tu.si.as.mo."
Todavia, veja, o entusiasmo *por si só* não ajudará. Desculpa. Depois de ter saltado, pulado e gritado, ainda haverá algumas coisas esperando por você para serem feitas. E a menos que você as faça, as coisas simplesmente não mudarão. Um homem pode ficar todo animado para levantar pesos de 200 quilos — até chegar à academia. Então, ele precisa de um novo tipo de animação, uma de longo prazo que irá mantê-lo em treinamento até que ele *possa* levantar os 200 quilos. Chamamos esse tipo de animação de *disciplina*.

Sejamos francos, a disciplina é a única coisa que o impulsionará. É o único veículo para o progresso real. Se há uma coisa para se empolgar, essa coisa é a disciplina. Fique animado com sua capacidade de fazer as coisas necessárias para o crescimento. Essa é a verdadeira animação, não apenas o pânico esperançoso.

COMO MUDAR

Ninguém compreende, tal como eu, a dificuldade inerente à manutenção de velhos e persistentes hábitos. Mas os hábitos começam a mudar quando alteramos nossas percepções.

A maioria não experimenta uma enorme transação cataclísmica. Para a maioria, a mudança vem como um processo evolutivo de mudanças quase imperceptíveis. Nós apenas continuamos nos empurrando na direção certa, formando um ou dois hábitos melhores aqui e ali, até que finalmente percebemos que viramos uma página importante de nossa vida.

As Três Áreas do Desenvolvimento Pessoal

Em sua busca pelo progresso pessoal, há três áreas para considerar: você pode olhar para o desenvolvimento espiritual, físico e mental.

Autodesenvolvimento Espiritual

Devo confessar que me considero um amador nessa área. Porque eu fui criado em um lar cheio de profunda fé (meu pai é um pregador, um fato que me faz — para o bem ou para o mal — um PK[1], ou filho do pregador), eu estava imbuído de amor pela criação de Deus. Mas, independentemente do seu histórico (este livro é escrito para pessoas de todas as origens e crenças), acho que você deve avaliar o crescimento e a mudança que deseja fazer nesta área vital. Valores espirituais e éticos o ajudarão a construir uma base sólida sob sua busca por riqueza e felicidade.

Autodesenvolvimento Físico

A Bíblia ensina que devemos tratar nosso corpo como templo. E, de fato, as leis judaicas para a higiene são elaboradas e específicas.

Entretanto, além da higiene, acho que precisamos fazer questão de "cobrir nosso templo", vestir-nos de uma maneira apropriada ao nosso desejo de ter sucesso.

---

[1] PK é a sigla para *preacher's kid* que, em inglês, quer dizer filho de pregador.

Vamos enfrentá-lo, a forma como parecemos aos outros faz uma diferença em termos de nossa capacidade de funcionar bem no mercado. De fato, há outra frase bíblica que nos diz para cuidar do exterior para as pessoas e cuidar do interior para Deus. As pessoas olham para fora, pelo menos inicialmente, e Deus olha para dentro, sempre.

Agora talvez você pense que as pessoas não deveriam lhe julgar por sua aparência pessoal. Bem, deixe-me lhe dizer, eles o fazem! E porque o fazem, você deve fazer questão de se apresentar da melhor forma. (Há muitos bons livros sobre este assunto, então verifique em sua livraria ou biblioteca.)

Outro aspecto do desenvolvimento físico tem a ver com a permanência em forma. O corpo e a mente trabalham juntos. E para que sua mente tenha a resistência para se esforçar, seu corpo deve estar em boa forma.

Você tem um programa regular de exercícios? Se não, encontre um que você possa seguir e comece. Além disso, certifique-se de prestar atenção aos alimentos que consome e à nutrição suplementar.

Autodesenvolvimento Mental

Para a maioria das pessoas, o desenvolvimento mental para em uma idade precoce. Uma vez que elas têm um bom emprego, é fácil para algumas pararem de buscar o desenvolvimento mental.

Você já ouviu falar sobre a curva de aprendizado acelerado? Do nascimento aos 18 anos, nossa curva de aprendizado é dramática. Aprendemos uma quantidade impressionante muito depressa, mas à medida que envelhecemos e encontramos nosso nicho no mercado, nosso aprendizado atinge um platô.

No passado, se tudo o que você queria era uma vida média, essa mentalidade de não-crescimento era aceitável. Eu digo que foi porque isso não é mais verdade. As últimas décadas do século XX exigiram crescimento e aprendizado constantes.

À medida que a tecnologia continua acelerando o ritmo da mudança, ninguém pode simplesmente manter um emprego e esperar que esse trabalho permaneça o mesmo por quarenta anos. A mentalidade meu-avô-costumava-trabalhar-aqui-meu-pai-trabalhava-aqui-e-agora-eu-trabalho-aqui está morrendo e matando com ela a esperança daqueles que não estão dispostos a aceitar a necessidade de crescer e se adaptar.

Do lado positivo, você pode imaginar o que você pode se tornar se você mantiver uma curva de aprendizado acelerada ao longo de sua vida? Você pode imaginar quais habilidades desenvolverá, quais insights você terá?

A MANEIRA FÁCIL DE DISCIPLINAR

Como formar um hábito de crescimento pessoal exigirá um esforço consistente que somente a disciplina proporciona, permita-me lhe dar uma chave para a disciplina.

Comece encadeando as pequenas disciplinas. De modo gradual, você descobrirá que, ao abordar muitas disciplinas pequenas, você dominará uma grande.

Convido-o a assumir um pequeno desafio, algo que possa fazer agora. E depois assumir outro. Depois de algum tempo, quando os grandes desafios surgirem em seu caminho, você será capaz de lidar com eles com total confiança.

Você quer perder peso? Comece comendo seu pão sem manteiga.

Quer ir para a Europa? Comece reservando 20 reais por semana.

Quer ser pontual? Comece levantando-se meia hora mais cedo.

Quer fazer uma venda de 1 milhão de reais? Comece fazendo uma venda de 50 reais.

Como Robert Schuller diz: "Centímetro por centímetro, tudo é fácil." No entanto, se você nunca der os pequenos passos, ninguém, incluindo você mesmo, confiará em você com os grandes. Não seja como o homem que sai de casa determinado a endireitar a imagem de lucro da corporação quando ele sequer endireitou o próprio orçamento pessoal. A quem ele está enganando?! Veja, tudo afeta o resto. As disciplinas, ou a falta de uma delas, afeta as outras.

Por engano, um homem diz: "Este é o único lugar onde eu me decepcionei". Isso não pode ser! Cada padrão baixo afetará negativamente o resto do seu desempenho. Por quê? Porque fazer menos do que você é capaz de fazer cria falta de autoestima. E a falta de autoestima é o maior impedimento para o sucesso.

AUTOMOTIVAÇÃO

Bem recente, estive em uma turnê de palestras na Austrália e fui notado pela mídia. Eles perguntaram: "Sr. Rohn, você é um desses motivadores americanos?" Eu respondi: "Não, sou um homem de negócios. Posso compartilhar minhas ideias e experiências, mas as pessoas precisam se motivar."

Demorei um pouco, mas enfim percebi que você não pode mudar os outros. Deus sabe, eu tentei.

Uma vez, eu estava gerenciando um grupo de vendedores sem inspiração. Sentindo-me desafiado, eu disse: "Vou torná-los bem-sucedidos nem que isso me mate". Adivinha? Quase morri.

Pessoas boas são encontradas, não mudadas. Claro, elas podem se mudar, mas você e eu não podemos mudá-las. As pessoas me perguntam: "Como faço para recrutar pessoas boas?" e eu respondo: "Você precisa encontrar pessoas boas". Essa é a melhor resposta que posso dar. Aqui está a primeira regra de gestão bem-sucedida: NÃO ENVIE SEUS PATOS PARA A ESCOLA DE ÁGUIAS. Por quê? Porque não funcionará. Tudo o que você terá são patos infelizes. Eles não voarão como águias. Eles vão apenas grasnar e grasnar. E, então, eles vão "fazer cocô" em você. Eu sei... eu tentei.

Não faz muito tempo, um anúncio de página inteira para uma cadeia de hotéis me chamou a atenção. A manchete dizia: "Nós não ensinamos nosso povo a ser legal". Agora isso me chamou a atenção. E, em letras menores, o anúncio dizia: "Nós apenas contratamos pessoas legais". Uau! Que método inteligente!

A motivação é um mistério. Por que um vendedor vê um primeiro cliente em potencial às sete da manhã e outro vendedor está apenas levantando às onze? Não sei. Faz parte dos mistérios da vida.

Palestro para mil pessoas. Uma delas sai e diz: "Vou mudar minha vida". Outra sai com um bocejo, murmurando para si: "Eu já ouvi todas essas coisas". Por quê? Por que ambas não seriam afetadas da mesma maneira? Outro mistério.

O milionário diz a mil pessoas: "Eu li este livro e ele me ajudou a trilhar o caminho da riqueza". Adivinha quantas saem e pegam o livro? Está correto... pouquíssimas. Não é inacreditável? Por que *nem todo mundo* pegou o livro? [...] um mistério da vida.

• • •

Agora, você já tem muita coisa para fazer. A leitura deste livro prova que você tem a motivação interna para crescer e mudar. Convido-o a construir esta base para que se torne tudo o que for capaz de ser.

Eu sei que você vai!

QUARTA ESTRATÉGIA

Administre suas Finanças

Capítulo 7

Como atingir a emancipação financeira

O dinheiro é um tópico emocional, e a maioria de nós tem sentimentos ambivalentes a seu respeito. Por um lado, queremos a segurança e o conforto que ele pode trazer, por outro lado, tememos que o sucesso financeiro corrompa nossa ética de alguma forma. De fato, a TV e os filmes têm sua parte nesse misticismo em caracterizar as pessoas ricas como conspiradoras e más. Quando foi a última vez que você viu um programa que retratava uma pessoa rica como o "mocinho"?

Nos círculos religiosos, muitas vezes, se ouve a Bíblia mal citada por pessoas bem-intencionadas. Em vez de "O amor ao dinheiro é a raiz de todo o mal", algumas pessoas nos dizem que "o *dinheiro* é a raiz de todo o mal". É óbvio que a citação completa da Bíblia é a que está correta. Se você ganha dinheiro com seu amor e busca a riqueza à exclusão ou à custa de outros valores, então você não obtém ganhos, você perdeu.

No entanto, vamos considerar esta questão: Se você *pudesse* fazer melhor, não faria? Dentro do tempo que você alocou para um trabalho remunerado, você não deveria tentar realizar o máximo que pudesse?

Acredito que as maiores satisfações da vida vêm para aqueles de nós que têm o hábito de fazer o melhor com o que se tem. Na verdade, fazer menos do que o nosso melhor tem uma maneira de pesar sobre a nossa psique.

Nós, humanos, parecemos criaturas de empreendimento. Somos desafiados pelas estações. Vemos o solo, o sol e a chuva e a semente e nós os sentimos nos incitar a aproveitá-los. É como se a vida e a natureza estivessem dizendo: "Você tem a genialidade para fazer algo excepcional? Nós somos as matérias-primas. Que coisas esplêndidas você pode criar enquanto estiver aqui?"

Você e eu, como criaturas de empreendimento, não devemos ficar hesitantes em seguir em frente — em direção à alta produtividade, ao emprego pleno de nossa genialidade, ao desenvolvimento total de nosso potencial em todas as áreas de nossas vidas – incluindo a área de criação de riqueza. Essa é a essência da vida.

Pessoas sofisticadas sabem que não é a quantidade que atrapalha, é fazer tudo o que podemos fazer com nossas habilidades dadas por Deus que realmente conta.

Este último pensamento — fazer tudo o que podemos com o que temos — é a essência de um livro especial. Chama-se *O homem mais rico da Babilônia*, de George S. Clason . É um pequeno livro que pode ser lido de uma só vez, mas cobre o básico. Eu o chamo de "O Aperitivo para o Discurso Completo sobre o Resultado da Independência Financeira", e eu o recomendo a você.

Nossas ações e aquisições dizem muito sobre nós. Elas revelam nossa filosofia de vida, nossa atitude, nosso conhecimento e nossos pensamentos — até mesmo nosso caráter. Como o exterior é sempre o nosso reflexo interior, eles fornecem um comentário corrido sobre a nossa capacidade de pesar e perceber.

Há até um ditado que diz assim: "As ações falam mais alto do que as palavras".

Não há como escapar: tudo é sintomático de alguma maneira. Ou é sintomático de coisa certa ou de coisa errada. É por isso que é uma política tão sábia não ignorar os sintomas. Caso algo em sua vida não esteja funcionando como deveria, é porque está agindo como um sistema de alerta precoce, anunciando a qualquer pessoa disposta a ouvir que algo precisa mudar.

Por exemplo, você pode dar uma olhada em seu estilo de vida em relação à sua renda. Se você está gastando mais do que ganha, pode estar cometendo suicídio financeiro lento. Seu próximo "brinquedo", comprado no plano de parcelamento, pode ser nada menos do que outra dose de veneno servida a você em uma bandeja de prata.

Olhe para o que você está fazendo com sua renda atual. Você está usando-a de uma maneira sábia, gastando não mais do que 70% de sua renda total? Ou você está vivendo com algumas centenas ou alguns milhares de reais por mês acima de seus ganhos? Dê uma olhada nos sintomas antes que seja tarde demais.

Lembro-me de dizer ao Sr. Shoaff: — Se eu tivesse mais dinheiro, teria um plano melhor. — Ele respondeu depressa: — Eu sugeriria que, se você tivesse um plano melhor, teria mais dinheiro.— Esta é uma declaração de grande importância! Veja, não é a *quantidade* que conta, é o *plano*. Não é *quanto* você aloca, mas *como* você aloca.

REPARTIÇÃO DA FATIA FINANCEIRA

Quando foi a última vez que alguém lhe ensinou como funciona o nosso sistema econômico? Eu não quero dizer de alguma forma teórica, mas em termos de economia da vida real, cotidiana? Alguém já lhe disse a maneira mais sábia de alocar cada real que você ganha? De certo, não me ensinaram nada disso até que o Sr. Shoaff com toda a paciência me pegou pela mão e me explicou.

A economia da vida real deve ser uma das mais gritantes omissões em nosso sistema educacional. Digo isso porque, em minhas viagens para palestrar em todo o mundo, eu constantemente encontro pessoas bem-educadas — médicos, advogados, altos funcionários corporativos, até mesmo empreendedores — que não têm a vaga noção de como gerenciar suas finanças.

Essas pessoas sofisticadas podem ser capazes de ler relatórios anuais complexos, mas não parecem compreender a economia cotidiana, a economia de se tornar financeiramente independente numa base constante, contínua e sempre previsível.

Como resultado de sua ignorância, eles não ensinam essa economia básica a seus filhos. E assim, uma geração após a outra permanece ignorante do milagre que é o sistema de livre iniciativa.

Conceda-me um tempo enquanto me dedico para rever como o dinheiro deve ser alocado para a criação de riqueza.

Impostos

Percebo que o tema dos impostos pode parecer um lugar estranho para começar a discussão sobre a criação de riqueza. E, no entanto, ao longo de nossas vidas, jovens ou maduras, devemos aprender a necessidade de pagar impostos. E, assim que tiverem algum dinheiro, os nossos filhos também precisam aprender que, quando gastam dinheiro, são imediatamente consumidores. E todos os consumidores de bens e serviços, por mais jovens que sejam, devem pagar impostos.

Se uma criança tem apenas 6 anos de idade quando vai pela primeira vez à loja para comprar algo que custa 1 real, o proprietário pedirá a ela mais 6 centavos. A criança pode olhar para o preço e perguntar ao proprietário para que servem os 6 centavos. Este é o momento de oferecer uma explicação completa. Se ele vai tirar 6 centavos da criança, o comerciante não deveria lhe dizer para onde vai? Afinal, são *seus* 6 centavos. A criança pode perguntar ao proprietário quem a recolhe. O comerciante, então, explicaria que é para impostos, que *ele* não pode ficar com ele, apenas coletá-lo.

As próximas duas perguntas óbvias que a criança pode fazer são quem a recebe e para que ela é usada. Com essas perguntas vêm respostas muito importantes. Deve-se dizer à criança que, porque todos concordamos em viver juntos, nós nos chamamos de sociedade. E, para que a sociedade funcione corretamente, há algumas coisas que não podemos fazer sozinhos.

Por exemplo, cada um de nós não pode construir um pedaço da rua. O maquinário seria muito caro, e levaria muito tempo para aprender a usá-lo. Então, nós temos um governo. E um governo é composto por pessoas que fazem coisas por nós que não podemos ou não queremos fazer nós mesmos. Como as ruas, as calçadas, a polícia e o corpo de bombeiros devem ser pagos, concordamos em adicionar algum dinheiro cada vez que comprarmos alguma coisa e entregá-lo ao governo.

Entender isso é importante. Nossos filhos têm que aprender isso. *Temos* que aprender isso.

Em seguida, passamos para os impostos federais. Aqui está uma boa maneira de explicar os impostos federais. Eu o chamo de "O Cuidado e Alimentação da Galinha dos Ovos de Ouro". É muito importante cuidar da galinha, não abusar dela ou arrancar suas asas, mas alimentá-la e cuidar dela.

"O que é que você está dizendo?" "A galinha come demais?" Isso é uma verdade bem provável. Porém, não comemos todos demais? Se assim for, que um faminto não acuse o outro. Se você subir na balança e estiver com 10 quilos a mais, você tem que dizer: "Sim, o governo e eu estamos, cada um, com cerca de 10 quilos a mais. Parece que nós dois comemos demais." Sem dúvida. Todo apetite deve ser disciplinado — o seu, o meu e o do governo. Ei, *todos* nós poderíamos fazer uma dieta!

O Sr. Shoaff insistiu para que eu me tornasse um contribuinte feliz. Embora eu deva admitir que demorou um pouco, enfim me tornei um contribuinte feliz. Parte dessa transformação ocorreu quando comecei a entender a função dos impostos e que é certo que todos paguem sua parte justa.

Eu finalmente decidi que não me importava de pegar minha parte da guia para a defesa. É tão necessário para a nossa segurança como país manter os valentões internacionais longe. Algumas pessoas dizem: "Por que se preocupar com todo esse equipamento caro? Eles não virão para cá." Está claro que essas pessoas não têm lido seus livros de história.

Outros dizem: "Não vamos pagar a conta da defesa." Bem, eu sugiro que eles vão para um lugar que não oferece defesa como parte do pacote. Se alguém vai desfrutar dos benefícios, deve pagar uma parte.

Jesus, o grande mestre, deu alguns conselhos claros quando disse: "Dai a César as coisas que são de César". Isso é bem claro: pague a César primeiro. Por alguma razão, ele não qualificou essa declaração ou aproveitou o tempo para criticar o governo. Tudo o que ele disse foi: "Dai a César primeiro". Eu não acho que precisamos de um profeta para interpretar *esta* para você.

Agora, antes de sair e demitir prontamente seu consultor fiscal, deixe-me acrescentar o seguinte: Não pague *mais* do que deveria. Por todos os meios, aproveite os incentivos. Eles foram dados a você como uma recompensa por canalizar seu dinheiro para áreas que o governo acha que ajudam a economia.

Tudo o que estou dizendo é que quando tudo tiver sido calculado, todas as deduções legítimas foram feitas, e você chega à última linha no seu formulário de imposto de renda, qualquer que seja o montante, pague-o. E pague com felicidade, sabendo que você está cobrando a galinha dos ovos de ouro — os ovos de ouro da liberdade, segurança, justiça e livre iniciativa.

Uma galinha!

Alguns ovos!

Além disso, acredito que todos devem pagar, mesmo a pessoa mais pobre. Eu não me importo se é apenas 1 real por ano. Bastaria. A questão é que todos devem *gozar* da dignidade de pagar a sua quota.

Há a história sobre Jesus e alguns de seus discípulos que estavam observando as pessoas virem oferecer suas contribuições ao templo. Alguns vinham com grandes quantidades. Outros deram quantias menores. Finalmente, uma velhinha veio e cuidadosamente colocou 2 moedas no tesouro. Jesus apontou para a mulher e disse: "Olhe para esta mulher maravilhosa que lhe deu duas moedas." Os discípulos ficaram perplexos. "Duas moedas!" exclamaram. "De todas as magníficas doações dadas aqui hoje, por que o mestre está apontando para esta pobre mulher como um exemplo?" Jesus disse: "Vocês não entendem, mas ela deu mais do que qualquer outra pessoa." Eles disseram: "Duas moedas — mais do que qualquer outra pessoa? Explique-nos isso, rabino." Ele disse: "Sim, para ela as duas moedas representavam tudo o que ela tinha".

Que notável!

Mas vamos examinar essa história mais a fundo. Às vezes, o que *não* é dito tem uma lição mais profunda do que o que *é* contado. Considere o que Jesus não fez. Ele não tirou as duas moedas do tesouro e as devolveu à velha senhora, dizendo: "Aqui, senhora, observamos que você é tão pobre e miserável que vamos lhe devolver suas duas moedas". Que insulto teria sido! Ela, de certo, teria dito: "Qual é o problema, minhas duas moedas não são boas o suficiente? Representam uma percentagem considerável do que possuo. Você tiraria a minha dignidade?" Claro, essa cena não ocorreu. E aí reside a lição mais profunda.

A Regra 70/30

Depois de pagar sua parcela justa de impostos, você deve aprender a viver com 70% de sua renda após os impostos. Isso é importante por causa da maneira como você alocará seus 30% restantes. Os 70% que você gastará em necessidades e luxos. Os 30%? Vamos alocá-los da seguinte maneira:

Caridade

Dos 30% não gastos, um terço deve ir para caridade. A caridade é o ato de devolver à comunidade aquilo que recebestes para ajudar quantos têm necessidade de assistência. Acredito que contribuir com 10% de sua renda após os impostos é uma boa quantia para se esforçar. (Você pode escolher uma quantidade maior ou menor — é o *seu* plano.) Algumas pessoas gostam de dar sua caridade por meio de sua igreja ou organização comunitária; outras preferem dá-la individualmente. No entanto, se você administra a si mesmo ou dá seu dinheiro a uma instituição para administrar, certifique-se de reservar uma porcentagem de sua renda para doar.

O ato de dar deve ser ensinado desde bem cedo, na infância. O melhor momento para ensinar a uma criança o ato de caridade é quando ela recebe seu primeiro real. Leve-a em um passeio visual. Leve-a em um passeio por um lugar onde as pessoas são verdadeiramente desamparadas para que ela aprenda a compaixão. Se uma criança entender, ela não terá problemas para se desapegar de 1 centavo. As crianças têm grandes corações.

Há uma razão pela qual o ato de dar deve ser ensinado quando as quantias são pequenas: é muito fácil tirar 1 centavo de 1 real. Mas é consideravelmente mais difícil doar 100 mil reais de 1 milhão. Você dirá: "Oh, se eu tivesse 1 milhão, não teria problemas em dar 100 mil". Não tenho tanta certeza. 100 mil é muito dinheiro. É melhor começarmos cedo para que você desenvolva o hábito antes que a grande quantia chegue ao seu caminho.

Investimento de Capital

Com os outros 10% de sua renda após os impostos, você criará sua riqueza. Este é o dinheiro que você usará para comprar, consertar, fabricar ou vender. A chave é se envolver no comércio, mesmo que apenas em regime de meio período.

Eu acredito que todos neste país devem se envolver em alguma forma de capitalismo. Aqui, acreditamos que o capital pertence às mãos do povo.

O comunismo, por outro lado, ensina que o capital pertence às mãos do Estado.

Isso cria um grande contraste. O comunismo tem pouca confiança na capacidade do indivíduo de tomar decisões sábias. Em vez disso, aqueles que estão no poder querem manter tudo centralizado, nas mãos do governo. Em nosso país, como em todos os outros países com livre iniciativa, acreditamos que o gênio reside na população. É o indivíduo, não o Estado, que apresentará inovações para bens e serviços. A busca do lucro é um poderoso incentivo para criar uma vida de abundância para todos.

Então, como você cria riqueza com os 10% de sua renda que você reserva para esse fim?

Há muitas maneiras. Deixe sua imaginação vagar. Dê uma olhada de perto nessas habilidades que você desenvolveu no trabalho ou através de seus hobbies, você pode ser capaz de convertê-las em um empreendimento lucrativo.

Além disso, você também pode aprender a comprar um produto no atacado e vendê-lo para o varejo. Ou você pode comprar uma pequena propriedade e melhorá-la. E se você tiver a sorte de trabalhar em um lugar onde é recompensado por produtividade adicional, você pode trabalhar por uma renda extra e usá-la para investir em uma posição acionária por meio da compra de ações da propriedade.

Use esses 10% para comprar seus equipamentos, produtos ou patrimônio e comece. Não há como dizer que o gênio está dormindo dentro de você esperando para ser despertado pela centelha da oportunidade.

Aqui está um pensamento emocionante! Por que não trabalhar em tempo integral em seu trabalho e meio período em sua fortuna? Por que não? E que sensação você terá quando puder dizer honestamente: "Estou trabalhando para me tornar rico, não apenas para pagar minhas contas." Quando você tem um plano de riqueza, estará tão motivado que terá dificuldade em ir para a cama à noite.

Poupança

Os últimos 10% devem ser destinados à poupança. Considero esta uma das partes mais empolgantes do seu plano de riqueza, porque pode oferecer-lhe paz de espírito, preparando-o para os "invernos" da vida. E, através da magia da composição, bastante auxiliado pelos novos programas de aposentadoria, isentos de impostos disponíveis para todos os trabalhadores deste país, você pode acumular uma soma magnífica ao longo dos anos.

Introdução de Economia: A Visão de uma Criança

O melhor momento para ensinar o capitalismo é quando uma criança descobre que pode ganhar algum dinheiro extra tornando-se útil. No entanto, além de dar-lhes uma mesada, você pode mostrar aos seus filhos como entrar no reino do verdadeiro empreendimento.

Por exemplo, as crianças devem ter duas bicicletas: uma para andar e outra para alugar. Desta forma, eles podem começar a entender o mundo do comércio. Realmente não é preciso muito para se ter um negócio, não é preciso 1 milhão de reais. E o que é empolgante é que uma criança pode aprender os princípios básicos de negócios de administrar uma General Motors operando um negócio de aluguel de bicicletas bem-sucedido.

Aqui está outra ideia. Mostre às crianças como comprar uma garrafa de sabão por 2 reais e vendê-la por 3 reais — bem no bairro. É o capitalismo em ação: lucros, produtos e serviços trazidos ao mercado. É o material do qual as fortunas são feitas.

Ensine ao seu filho a vantagem de ser uma criança. Diga-lhe que algumas pessoas vão comprar dele só porque ele é uma criança...

Johnny desce algumas casas abaixo da sua e bate na porta da Sra. Jones. Johnny diz: — *Sra. Jones, eu tenho essa garrafa de sabão. É o melhor que existe. Minha mãe usa, e muitas pessoas que eu conheço não usariam nenhum outro. A senhora precisa ter algumas unidades. Custa apenas 3 reais, e como eu sou seu vizinho, posso me encarregar disso. Além disso... Eu sou apenas uma criança.*

Então, não é simples? Aqui está um pequeno exemplo de comércio em ação, o capitalismo em seu nível mais básico.

A Sra. Jones responde: — *Johnny, agradeço que tenha vindo. Eu acredito que seu produto seja bom, mas, na verdade, para ser honesta, eu tenho muito sabão.*

— *Deixe-me entrar e verificar* —, *insiste Johnny, cobrando por isso. (As crianças sabem como superar objeções. Elas não fazem cerimônia.)*

A Sra. Jones, sabendo que suas objeções são inúteis, concorda: — *Tá bom, eu sou uma cliente.*

Johnny corre para casa animado. Fala entusiasmado: — *Eu tenho 3 reais para gastar.*

Se você gastar os 3 reais —, *você o lembra* — *você ficará sem o negócio.*

— *Ah* — *suspira Johnny, um pouco desapontado.* — *Eu entendo o que você quer dizer.*

Você continua a explicar: — *Primeiro, você deve reservar 2 reais para investir em outra garrafa de sabão. Você não deve gastar seu capital. O capital deve ser cuidadosamente preservado. O que você pensaria de um fazendeiro que comeu as suas sementes de milho? Fazendeiro idiota, não? Assim, o capital, que é conhecido como semente de dinheiro, deve ser defendido. É a sua única chance de outra colheita.*

Johnny não pode argumentar com sua explicação, então, depois de considerar o assunto, ele diz: — *Bem, eu reservarei os 2 reais para que eu possa permanecer no negócio e continuar a ter um lucro de 1 real. Mas eu consigo gastar o dólar lucrado, não é?*

Agora se apresenta à sua oportunidade para mostrar a Johnny a diferença entre permanecer pobre e tornar-se rico. Você explica: — *Se você gastar todo o seu lucro, você acabará quebrado e infeliz.*

Johnny não entende. Então você o leva para o bairro mais pobre da cidade e pergunta a ele: — *Você quer viver assim?*

Não.

Tudo bem, então. Você não pode gastar o real inteiro.

Então, o que eu faço com isso?

Primeiro, você deve pagar seus impostos. — *Para as crianças, isso é fácil.*

Eles pagam quando o gastam – a menos que eles comecem levar a sério o dinheiro, nesse caso você deve ensiná-los sobre impostos federais. (Lembra-se da galinha e seus ovos?)

Em seguida, você lembra Johnny da necessidade de caridade. Johnny se lembra. — *Ah, sim, aqui estão 10 centavos para aqueles que são necessitados. Agora posso gastar o resto?*

Não — *responde você.* — *Você ainda acabará quebrado e apenas um pouco menos infeliz.*

Tá bom, bem e agora? — *Johnny está se tornando impaciente.* — *Os próximos 10 centavos do seu lucro de 1 real são para o aumento do seu capital. Se você continuar reservando 10 centavos para sempre, assim como o real que você ganha, você, um dia, terá o suficiente para comprar duas garrafas de sabão em vez de uma.*

Ah, claro. — *Agora Johnny está entendendo.* — *Se eu puder comprar duas garrafas em vez de uma, economizo uma viagem e vendo mais garrafas.*

Que esperteza!

Em seguida, você explica que algumas empresas cobrarão menos por garrafa quando você comprar duas. Se eles vendem uma garrafa por 2 reais, eles poderão vender duas garrafas por R$3,80. Johnny está animado. — *Uau!* — *exclama.* — *Quando eu vender, posso até obter mais lucro!*

É verdade. Todos se beneficiam do aumento da capitalização. A empresa consegue vender duas garrafas de cada vez, Johnny economiza uma viagem e alguns custos, e ele pode manter algumas das economias ou passá-las para a Sra. Jones como um incentivo para comprar duas garrafas em vez de uma.

Johnny fala — Caramba, isso é legal. *Agora eu posso gastar o resto do meu lucro?*

Não, ainda precisamos fazer mais uma coisa. Vamos ao banco levar o dinheiro de sua renda.

Como isso funciona?

Então você explica. — Do seu lucro, você precisa tirar 10 centavos e colocá-lo em uma instituição financeira, como um banco. Eles vão lhe pagar uma taxa para guardar o seu dinheiro. Chamam a isso de interesse.

E por que um banco gostaria de fazer isso?

Porque alguns projetos, como a construção de um prédio alto ou uma fábrica, levam mais capital do que qualquer indivíduo tem. Portanto, temos um sistema em que todos nós podemos investir nosso dinheiro em um banco para que o banco tenha dinheiro suficiente para emprestar para grandes projetos. Isso ajuda a criar mais empregos, e isso ajuda a todos. Enquanto isso, o banco lhe pagará pelo uso de seu dinheiro.

Que tipo de juros eles pagam às crianças? — O mesmo que pagam aos adultos.

Johnny tem dificuldade em entender isso. — Você quer dizer que eu tenho o interesse de um adulto quando eu sou apenas uma criança? — *pergunta ele incrédulo.* — Isso mesmo. Seu dinheiro pode crescer tão depressa quanto qualquer um.

— *Posso recuperar o meu dinheiro?*

Claro, e você sempre terá mais do que você coloca.

Oba, isso é muito bom.

Agora posso gastar o que sobrou.

Sim, Johnny, vamos sair e tomar um sorvete.

Aposto que é provável que você sabia de tudo isso. Contudo, quando conheci o Sr. Shoaff aos 25 anos, eu era tão ingênuo quanto Johnny. Eu me pergunto quantos adultos nunca foram ensinados como eles podem ter um plano de riqueza.

Se você tem filhos, certifique-se de lhes explicar o plano de riqueza. Mostre-lhes que, se eles começarem a usar a fórmula 70/30 enquanto são jovens, eles se tornarão financeiramente independentes aos 40 anos. Eles poderiam, então, passar o resto de sua vida fazendo apenas o que eles querem fazer.

Deixe-me lhe dar a definição de "rico" e "pobre". Pobre são as pessoas que gastam seu dinheiro e economizam o que resta. As pessoas ricas economizam seu dinheiro e gastam o que resta. É a mesma quantidade de dinheiro — apenas uma filosofia diferente.

Há vinte anos, duas pessoas ganhavam mil reais por mês e cada uma delas recebia os mesmos aumentos ao longo dos anos. Uma tinha a filosofia de gastar dinheiro e economizar o que resta; a outra tinha a filosofia de economizar primeiro e gastar o que sobrou. Hoje, se você conhecesse os dois, chamaria um de pobre e o outro de rico.

Mas poupar, como qualquer forma de disciplina, tem um efeito sutil. No final de um dia, uma semana ou um mês, os resultados são quase imperceptíveis. Passados cinco anos e as diferenças se tornam evidentes. Ao fim de dez anos, as diferenças são dramáticas.

Aqui está uma grande filosofia que podemos aprender com um membro humilde do reino animal. É chamado de "a filosofia das formigas". Você conhece as formigas. Há uma frase bíblica que exorta a todos, especialmente as pessoas preguiçosas, a estudar formigas. As formigas são únicas por duas razões:

Primeiro, uma formiga nunca desistirá. Se ela estiver indo para algum lugar e você colocar um obstáculo em seu caminho, ela tentará subir sobre ele ou passar por baixo ou ao redor dele.

Se você remover o obstáculo, ela seguirá o seu caminho. E se você colocar outro obstáculo, a formiga procurará um outro caminho — por cima, por baixo ou ao redor. Por quanto tempo uma formiga continuará tentando? Até morrer. Uma formiga *nunca* vai desistir.

Que lição!

A segunda razão pela qual as formigas são únicas? Adivinha para que as formigas se preparam o verão todo? Isso mesmo: inverno. E quanto uma formiga reunirá no verão para se preparar para o inverno? *Tudo* o que puder! Que inteligência!

Você se lembra da fábula sobre o gafanhoto? Ele riu da formiga por armazenar grãos durante todo o verão, enquanto ele continuava pulando sobre a grama alta sem se preocupar com o futuro. Quando o inverno rigoroso chegou, ele morreu de fome, enquanto a formiga tinha abundância.

Rico ou pobre — a diferença não está tanto no quanto se ganha, mas em como se utiliza do que ganha. A escolha é sua.

MANOBRA DE CORREÇÕES

O que lhe vem à mente quando pensa em pessoas idosas? Você vê pessoas que são um pouco desamparadas e que vivem com recursos limitados? De fato, essa é a condição predominante da maioria daqueles que se enquadram no grupo conhecido como "idosos".

Não seria maravilhoso se pudéssemos mudar essa imagem? Eu cunhei com uma nova definição do que os avós devem ser. O principal papel dos avós deve ser ensinar seus netos a serem ricos, cultos e felizes "assim como nós". Os avós não deveriam ter que dizer: "Eu trabalhei toda a minha vida e agora preciso de ajuda". Eles devem ser capazes de dizer: "Eu trabalhei toda a minha vida, agora posso ajudar."

Se você não é financeiramente independente aos 40 ou 50 anos, isso não quer dizer que você mora no país errado. Isso não significa que você vive na comunidade errada. Nem que você vive no tempo errado ou que você é a pessoa errada. Significa apenas que você tem o plano errado.

Acredite, você está longe de estar sozinho. A maioria de nós sai do curso. Quando eles enviam um foguete para a Lua, eles sabem que o foguete ficará um pouco fora do curso. O primeiro conjunto de sistemas de orientação não será suficiente para toda a viagem. Haverá necessidade de uma correção no meio do curso.

Você e eu não somos diferentes. De tempos em tempos, nós também devemos executar nossa própria correção no meio do curso se quisermos nos tornar financeiramente independentes. Afinal, você não gostaria de ser o tipo de avô que pode servir de modelo para a riqueza e a felicidade?

ANOTE A PONTUAÇÃO

Pouco depois de conhecer o Sr. Shoaff, ele me perguntou se eu tinha um demonstrativo financeiro. Perguntei: "O que é um demonstrativo financeiro?"

O Sr. Shoaff, com muita paciência, explicou que é muito importante saber exatamente como está a sua situação financeira, sem se enganar. Somente quando você sabe a posição em que está, você pode ter um bom plano para seguir em frente para onde você quer estar.

Não é difícil de fazer. Você simplesmente lista o valor de seus ativos de um lado de um pedaço de papel e o total do que você deve, ou passivos, do outro lado. Então, subtraindo suas responsabilidades de seus ativos, você chega ao número que constitui seu patrimônio líquido financeiro. Agora, ele não diz o que você vale como pessoa, apenas o que você vale em termos monetários.

Eu disse ao Sr. Shoaff: "Meu demonstrativo financeiro não vai parecer muito bom". Ele me disse: "Não é importante o quão bom parece. O importante é que você faça isso."

Então, eu montei meu primeiro demonstrativo financeiro. Eu tinha muitas responsabilidades. Devia dinheiro aos meus pais, à empresa financeira, ao meu carro e a várias outras instituições que esperavam ser pagas mensalmente. Agora, do lado dos ativos, eu estava à beira da falência. Coloquei tudo o que conseguia pensar. Eu até incluí meus sapatos! Afinal, eles valiam alguma coisa. Uau, como é embaraçoso ter tão pouco, depois de seis anos de trabalho!

Sem dúvida, você está indo muito melhor. Mas mesmo que você não esteja, precisa ter um demonstrativo financeiro. Você não tem de postar os resultados em um quadro de avisos público; não é importante que você o mostre à comunidade. Mas é superimportante que você saiba a pontuação do seu plano estratégico financeiro atual.

Com o demonstrativo financeiro em mãos, comece a manter bons livros de suas receitas e despesas. Você já ouviu a expressão: "Eu não sei onde vamos parar?" Não seja o primeiro a dizer isso. A partir de agora faça questão de saber exatamente para onde vem e vão.

Eba, eu descobri que apenas ganhar um bom dinheiro não é suficiente. Descobri que uma pessoa pode ganhar 10 mil por mês e ainda quebrar. Você diz: "Como você pode quebrar fazendo 10 mil por mês?" É fácil! Basta gastar 11 mil.

E acredite, quando você faz 10 mil, não é difícil gastar 11. Como alguém disse certa vez: "Se sua despesa exceder sua renda, o custo disso será a queda".

Portanto, torne-se mestre sobre o que você tem e o que você é. Aí que estão as sementes da grandeza plantadas – grande riqueza, grande saúde, grandes resultados, grande influência e grande estilo de vida. Interesse-se e até se delicie em fazer bem as pequenas coisas. Isso ajudará você a se tornar uma pessoa sofisticada — alguém que conhece as estratégias fundamentais para a riqueza e a felicidade.

Há um ditado bíblico que diz que se você for fiel a algumas coisas, você um dia se tornará o governante de muitas. É isso — essa é a filosofia que conta. A vida é relutante em entregar fortuna e responsabilidade a alguém que bagunça seu salário. Mas assuma a responsabilidade de anotar a pontuação de sua vida financeira e você dará um grande passo para ter a confiança de uma vida abundante.

A RIQUEZA E A FELICIDADE ATITUDE

Eu costumava dizer: — Eu odeio pagar meus impostos.
Sr. Shoaff disse: — Bem, você pode viver dessa maneira se quiser, essa é uma das atitudes.
Fiquei um pouco perplexo. Achei que era a única atitude a ter. Eu me perguntei o que ele queria dizer com isso.
Também costumava dizer: — Odeio pagar as minhas contas. Então, ele me disse: — Bem, você pode viver dessa maneira se quiser. — Achava que era o único caminho.
Outra coisa que vivia dizendo era: — Odeio me desfazer do meu dinheiro.
Sr. Shoaff comentou: — Essa é uma opção de atitude e estilo de vida.
Enfim, perguntei: — Existe outra maneira de se sentir sobre essas coisas?
Nessa hora, o Sr. Shoaff respondeu: — E se você dissesse "Eu amo pagar meus impostos porque sei que é minha parte no cuidado e alimentação da galinha dos ovos de ouro?" — E se você dissesse "Eu amo pagar minhas contas, reduzir meus passivos e aumentar meus ativos?" — E se você dissesse "Eu amo me desfazer do meu dinheiro e colocá-lo em circulação, onde ele pode ajudar a construir uma economia dinâmica?" — Não

seria uma maneira melhor se você aprendesse a **amar** em vez de **odiar**?"

Que maneira incrível de olhar para a vida! Embora tenha demorado um pouco para aprender a dizer, com sinceridade, "eu amo", a mudança na minha vida de *odiar* para *amar* fez uma tremenda diferença.

O Sr. Shoaff até me ensinou a pagar o financiamento do carro com entusiasmo. Ele me disse: — Da próxima vez que você pagar 100 reais em seu financiamento, coloque uma nota dentro do envelope e diga: "Com grande entusiasmo, eu lhe envio esses 100 reais." — Com um sorriso amplo, ele continuou: — Você não vai acreditar o que isso causará do outro lado. Eles não recebem muitas notas assim. Mas o mais importante, você não vai acreditar no que acontecerá do seu lado. Você se sentirá no controle, carregando com você uma filosofia que traz alegria em vez de frustração".

● ● ●

Independência financeira? Você pode alcançá-la. Por que não começar hoje? Tudo o que é preciso é a disciplina para aplicar a regra 70/30 à sua vida. Jovens ou maduros, nunca é tarde demais para seguir o caminho certo.

QUINTA ESTRATÉGIA

Controle seu Tempo

Capítulo 8

Como ser um gerente em tempos esclarecidos

Há alguns anos, durante uma turnê de palestras na África do Sul, me deparei com um pequeno ensaio de Arnold Bennet sobre o tema do tempo. Gostei tanto que quero compartilhar com vocês:

> O tempo é a matéria-prima inexplicável de tudo. Com ele, tudo é possível; sem ele, nada. A oferta de tempo é, de fato, um milagre diário, um caso bem surpreendente quando se examina.
>
> Você acorda de manhã, e bingo! Sua bolsa está automaticamente preenchida de 24 horas das teias do universo de sua vida. São suas. É o mais precioso dos bens... ninguém pode tirá-lo de você. É contra roubos. E ninguém recebe mais ou menos do que você.
>
> No reino do tempo, não há aristocracia de riqueza e nem aristocracia de intelecto. O gênio nunca é recompensado por uma hora extra por dia. E não há punição. Desperdice seu

bem precioso o máximo que quiser e a oferta nunca lhe será retirada.

Além disso, você não pode lançar mão do futuro. Impossível se endividar! Você só pode desperdiçar o momento que passa. Não se pode desperdiçar o amanhã; ele está reservado para você.

Eu disse que o caso é um milagre, não é? Você tem essas 24 horas diárias de tempo para viver. Longe disso, o que você quer é turbinar saúde, prazer, dinheiro, contentamento, respeito e a evolução de sua alma imortal.

O uso correto, e mais eficaz, é uma questão da mais alta urgência e da realidade mais palpitante. Tudo depende disso. Sua felicidade — o prêmio indescritível que todos estão agarrados, meu amigo — depende disso.

Se não conseguir que um rendimento de 24 horas cubra todas as despesas, a vida inteira ficará confusa indefinidamente.

Nunca mais teremos tempo extra. Temos, e sempre tivemos, todo o tempo que existe.

AS QUATRO ATITUDES EM RELAÇÃO À GESTÃO DO TEMPO

O tempo é o bem mais precioso que temos. Portanto, a forma como o gerenciamos tem o efeito mais profundo sobre o desenrolar das nossas vidas. Cada um de nós desenvolveu uma atitude a respeito do tempo, quer estejamos conscientes disso ou não. Esta atitude determina a abordagem que uma pessoa faz em relação ao seu conhecimento do tempo.

Existem quatro atitudes separadas sobre o tempo. Cada uma cria um estilo de vida distinto diferente:

A Mentalidade Nômade

Os nômades ignoram por completo o assunto tempo. Eles optam por manter seu estilo de vida o mais desestruturado possível. Vivem vagando sem rumo, feito folhas ao vento leve do deserto, apreciando a incerteza e a espontaneidade que acompanham tal vida.

Se eles têm um emprego, em geral, é temporário, porque eles se rebelam contra qualquer estrutura, qualquer tentativa de aproveitar o tempo. O típico nômade dirá: "Eu estive atrasado toda a minha vida. Eu nunca consigo entender o meu tempo. Que se dane! Vou ter calma e chegar onde quero quando estiver bem e pronto." Algo de errado com essa atitude? Quem sou eu para dizer? É a *sua* vida. No entanto, se você se sentir atraído por esse modo de vida, considere que essa atitude de vagar ao longo das rodovias e caminhos da vida impedirá qualquer chance real de progresso. Você não pode *desviar* seu caminho para uma vida melhor.

O gerente de expediente regular

Outro grupo de pessoas, talvez a maioria, adotou uma atitude a respeito do tempo que cai em algum lugar entre o nômade e o workaholic. Essas pessoas parecem funcionar melhor com um nível moderado de estresse. Elas podem lidar com apenas alguns projetos ao mesmo tempo. Elas gostam de ter suas noites livres — para "apreciar" durante toda a vida.

Um homem trabalha para uma empresa e, em seguida, decide abrir seu próprio negócio. Mas, à medida que suas responsabilidades aumentam, ao ver como deve ir trabalhar antes de qualquer outra pessoa e sair muito depois que o zelador sair, ele pensa: "Eu prefiro trabalhar para outra pessoa. Deixe-*os* ter toda a glória *e* a dor de cabeça."

Ele está errado? Claro que não, não se suas duas únicas opções forem trabalhar 24 horas por dia ou trabalhar regular, das 9h às 17h. (Logo você verá, quando discutirmos a quarta atitude a respeito do tempo, essas não são suas únicas opções.) Quando ele tentou administrar sua própria empresa, ele excedeu o nível máximo de compromisso de tempo que poderia lidar confortavelmente. E assim, ele decide se afastar do desafio, convencido de que para ele o preço do sucesso é muito alto.

Nem todo mundo pode lidar com o alto preço do sucesso. Isso não é apenas verdade na administração de um negócio independente, mas também é verdade para muitos executivos corporativos que conheço. Aqui está uma história que ilustra que algumas pessoas devem colocar limites no preço que pagam:

Uma garotinha pergunta à mãe: "Por que o papai não brinca comigo? Ele chega em casa do trabalho e vai direto para sua toca. E, assim que o jantar termina, ele sai para fazer mais algum trabalho. Quero brincar com meu pai. Ele não me ama mais?"

Então, mamãe, lutando contra as lágrimas de sua própria solidão e dor, tenta explicar: "Querida, seu pai está muito ocupado. Ele te ama muito, e é por isso que ele trabalha tão duro. Ele tem tanto trabalho a fazer em seu escritório que ele acaba por trazer um pouco dele para casa."

A menina pensa por um momento sobre o que sua mãe acabou de lhe dizer. De repente, seus olhos brilham e ela diz: "Bem, se ele não pode fazer todo o seu trabalho no escritório, por que eles não o colocam em um grupo mais lento?"

Porque não, de fato! Há um limite que uma pessoa deve pagar pelo sucesso financeiro e profissional. Esse limite vem quando outros valores importantes são sacrificados no altar do sucesso material.

Eu sei... Eu também fui atrás de algumas coisas na minha vida, apenas para descobrir mais tarde que paguei um preço alto demais. Se eu soubesse quanto eles custariam antes de começar, jamais teria assumido esse risco tão alto.

O Workaholic

O conceito antiquado de sucesso, como tipificado por Willy Loman em *A morte do caixeiro-viajante*, é o tipo que mantém uma pessoa trabalhando mais tempo e mais intensamente. Para os workaholic nunca há trabalho suficiente. Ele ou ela trabalha 10, 12, 14 horas por dia. O workaholic vai assumir dois empregos, trabalhando-os de uma ponta à outra. A satisfação só vem quando o sono é combatido, o prazer é negado e mais tarefas são concluídas.

Todos nós conhecemos os resultados desse tipo de comportamento. Embora muitas vezes suscite admiração de pessoas de fora, o comportamento do workaholic pode resultar na alienação da família, perda de saúde e, por fim, uma crise de valores.

Ironicamente, o workaholic nem sempre é aquele que ganha mais dinheiro. Isso porque ele costuma ser mais orientado a tarefas do que a resultados.

Se eu tivesse que escolher entre as três atitudes sobre o tempo que descrevi até agora, seria difícil escolher a superior. Porém, felizmente, há uma outra atitude a respeito do tempo que considero ideal:

O Gerenciador de Tempo Esclarecido

A quarta e mais esclarecida abordagem do tempo toma emprestado dos outros três. O gerente de tempo esclarecido destina tempo para todos os aspectos de sua vida. Ele até aloca tempo para ficar perambulando, agendando um período para fazer nada. Como a pessoa de expediente, sabe limitar as horas de trabalho e ter tempo de qualidade para outros valores importantes, como a família. E como o workaholic, ele nunca teria medo de trabalhar longas horas — mas apenas quando necessário.

O que torna o gestor do tempo esclarecido levar este títulor é a sua capacidade de se programar para trabalhar apenas algumas horas e ainda fazer mais do que o workaholic. Como ele faz isso? Apenas trabalhando de forma mais inteligente, nem sempre excedendo o período — concentrando-se em mais produtividade por hora, em vez de dedicar mais horas. Gerentes de tempo esclarecidos procuram novas maneiras de multiplicar sua produtividade. Em outras palavras, eles desenvolvem riqueza pelo uso de aprimoramento.

O aprimoramento permite que você multiplique seus recursos muitas vezes. Por exemplo, você pode alavancar o dinheiro tomando emprestado sabiamente para comprar imóveis ou para construir um negócio. Você pode aproveitar o tempo multiplicando seus esforços por meio do recrutamento de uma força de vendas em expansão ou delegando um trabalho menos produtivo a funcionários competentes.

O DOMÍNIO DO TEMPO

Aqui está uma chave para entender a gestão do tempo. Ou você controla o seu dia ou o seu dia controlará você. É realmente uma questão de decidir estar no comando. Veja, é muito fácil abandonar o controle, entregar as rédeas da autoridade e perder a capacidade de direcionar o tempo.

Uma das melhores maneiras de começar a recuperar o controle do nosso tempo é aprender a palavra de gerenciamento de tempo mais eficaz. Você sabe qual é? É a palavra "não". Aprenda a dizer "não".

Eu ainda tenho dificuldade com esta. É tão fácil dizer sim a tudo — ser uma pessoa "legal". O resultado de dizer sim é que passamos longas horas tentando nos livrar de obrigações com as quais nunca deveríamos ter concordado em primeiro lugar. É um dos grandes desperdiçadores de tempo.

Enfim, aprendi a dizer não muito bem. Como? É isso que eu faço. Eu digo: "Não, acho que não consigo. Porém, se isso mudar, eu vou te ligar." Agora, não é melhor ligar para as pessoas com boas novas e deixá-las saber que você pode fazer isso, afinal? Experimente, funciona! Um amigo, Ron Reynolds, gosta de dizer: "Não deixe sua boca sobrecarregar suas costas".

Outra maneira de recuperar o controle do seu dia é esta: quando você trabalha, trabalhe; e quando você se divertir, divirta-se. Misturar os dois nunca funciona. Tudo o que você acaba fazendo é enganar a si mesmo nos dois sentidos. Se você trabalhar e se divertir ao mesmo tempo, perderá a alegria que vem da grande realização e da satisfação completa que é o dom da pura brincadeira.

Sim, eu sei... Costumava dizer: "Eu tenho que levar minha família para a praia. Eu prometi a eles que iríamos. O que eles vão pensar de mim se eu não os levar?" Então, eu os levava à praia, o tempo todo pensando: "Eu deveria estar no escritório. Como é que estou na praia? Tenho muito o que fazer. Como posso encurtar essa viagem para que eu possa começar a trabalhar?" O resultado? Eu bagunçaria um momento potencialmente maravilhoso pensando em "trabalho" durante o tempo de recreação.

Eu também costumava fazer o oposto. Dizia: "Vou sair às 03h para andar de moto nas estradas secundárias". Adivinha no que eu ficaria pensando o resto do dia? Isso mesmo, andar nas estradas secundárias.

Agora, quando faço uma turnê de palestras para a Espanha, África ou Austrália, faço uma viagem de trabalho. Todos os dias são preenchidos com palestras, entrevistas e conferências. Porém, uma vez que minhas obrigações de negócios terminam, eu tenho tempo para me divertir, explorar, desfrutar. Tem sido uma lição valiosa.

Um amigo meu, um construtor de sucesso, criou um plano de trabalhar uma semana e tirar uma semana de folga. Ele chama isso de seu plano de trabalho por semana. Na prática, quando você conta os fins de semana, ele relaxa por nove dias e trabalha por cinco dias. Um luxo e tanto, certo? No entanto, deixe-me lhe dizer o seguinte: Durante esses cinco dias, ele trabalha; ele *realmente* trabalha pesado. Você não acreditaria no turbilhão de atividades que ele cria. O tempo voa quando secretários, contadores, arquitetos e superintendentes se reúnem com ele hora após hora. Seus cinco dias são feitos de esforço máximo. Ele vai com tudo, sem parar. Então, ele desliga tudo e sai para relaxar com sua família. Incrível!

Autoconhecimento

Uma das grandes regras da gestão criativa do tempo é esta: CONHECE-TE A TI MESMO. Cada um de nós tem um relógio biológico único que controla diariamente os picos e as baixas de nossa produtividade.

Descubra quando você está mais cheio de energia. Se você é mais produtivo no início da manhã, aproveite isso agendando seus maiores projetos como a primeira ordem do dia. Por exemplo, se sua carreira envolve persuadir as pessoas, se organize para agendar compromissos durante o café da manhã.

No entanto, se o oposto é verdadeiro e você tem dificuldade em lembrar seu nome até a hora do almoço, agende suas atividades comerciais mais exigentes para a tarde e à noite.

Em seguida, analise seus hábitos. Por exemplo, se você não é bom em manter sua papelada atualizada ou se prometeu a si mesmo por anos manter melhores registros e equilibrar o talão de cheques e ainda não o fez — aceite-o e peça alguém para lhe ajudar. Não é provável que você mude.

Suas fraquezas não precisam prejudicá-lo se você aprender a delegar responsabilidades. Isso também faz parte da gestão criativa do tempo.

Há alguns anos, minha equipe chegou à conclusão de que sou um péssimo mensageiro. Como eu viajo constantemente, muitas vezes eles me pediam para entregar documentos para as pessoas na cidade para onde eu iria. "Claro, sem problemas", eu respondia enquanto distraidamente colocava os papéis no bolso do casaco. Lembro-me de ter ouvido várias vezes desses documentos não entregues da minha lavanderia...

Depois de um tempo, minha equipe se aproximou de mim como se eu fosse uma criança de 5 anos. Em uma ocasião, eles disseram: "Este documento tem que ir para Nova York. Você tem *certeza* de que irá entregá-lo *desta* vez?" Eu disse: "Claro. Podem contar comigo. Olha, não sou inconfiável." Não será preciso dizer que o documento ainda estava na minha pasta quando voltei.

Então agora vazou para todo mundo. Cada novo funcionário é doutrinado pela minha equipe: "Não envie nada pelo presidente. Ele é bom em muitas coisas, mas é um péssimo mensageiro. Encontre outro jeito."

Esse é o meu ponto. Não há nada de vergonhoso em dizer que você não é bom em tudo — desde que você seja sábio para não deixar que suas fraquezas o impeçam de realizar seus objetivos. De fato, conhecer a si mesmo é um aspecto crucial da gestão do tempo.

O Telefone

Todos nós aprendemos a tomar o telefone como garantido. É tão comum hoje que, em vez de ter um em cada casa, agora temos um telefone em cada quarto e, em breve, haverá um em cada carro. E, no entanto, poucos de nós dedicaram tempo para analisar como usar o telefone para obter a máxima eficácia. Assim, precisamos reconhecer que, embora tenha um potencial incrível de eficiência, o telefone também pode ser um dos desperdiçadores de tempo mais disruptivos em nossas vidas.

Veja, assim como o telefone é uma ferramenta notável para você, também é uma ferramenta notável para todos os outros. Assim como você tem a capacidade de alcançar os outros em segundos, os outros também têm a capacidade de alcançá-lo num instante. Essa realidade pode causar estragos em qualquer plano ou rotina diária.

Portanto, certifique-se de que o telefone esteja lá principalmente para *sua* conveniência. Ganhe controle sobre quem pode chegar até você e quando. Se você tem o luxo de ter uma secretária, treine-a para filtrar suas chamadas telefônicas de forma eficaz. Ou use uma máquina de desvio de chamadas para retornar chamadas telefônicas quando *lhe* for conveniente.

Lembre-se, também, que o telefone permite que outros controlem o nosso tempo, mesmo em casa. Isso significa que, a menos que você seja cuidadoso, os outros podem interferir em sua família e tempo de lazer. Não deixe isso acontecer. Durante os momentos sociais com amigos ou familiares, encontre uma maneira de evitar atender o telefone. Você pode usar um serviço de desvios, uma secretária eletrônica, ou você pode apenas desligar o aparelho. Sua família e amigos são importantes demais para que o toque sempre insistente do telefone monopolize o tempo que você reservou para eles.

Além de controlar suas chamadas telefônicas recebidas, tem uma maneira simples de gerenciar melhor suas chamadas: Tenha uma agenda. Todos nós desperdiçamos tempo e dinheiro em conversas telefônicas ineficientes. Você já se ouviu dizendo: "Vamos ver, havia outra coisa sobre a qual eu queria falar com você. Eu apenas não consigo pensar nisso agora. Vou ter que te ligar de volta?" Todos nós já dissemos isso uma vez ou outra. É um ótimo desperdiçador de tempo, e também parece pouco profissional.

Solução? Antes de cada telefonema, anote os pontos-chave que você deseja abordar. Isso tornará cada conversa mais eficaz, mais curta e mais profissional. Ele também lhe dará um registro de cada chamada.

Se você tiver que se lembrar de uma conversa telefônica, terá a informação na sua frente. Por exemplo, você pode dizer: "João, como você está se saindo nessas quatro coisas sobre as quais falamos outro dia?" E João deveria responder: "Que quatro coisas? Nós não conversamos sobre isso", você pode calmamente mostrar a João seu registro da conversa.

Organização Eficaz do Tempo

Todos nós fazemos as coisas como resultado de hábitos de longa data. Isso se torna um luxo desperdiçador, quando queremos ser mais eficientes. Portanto, reserve um tempo para analisar seus procedimentos de trabalho. O seu método de depósito está atualizado? E a sua contabilidade? Hoje, existem muitas maneiras eficientes de aumentar a produtividade através de meios eletrônicos. Nossa época trouxe consigo possibilidades tremendas para processar mais informações mais depressa. Você pode querer tirar proveito de alguns deles.

No meu escritório, eu tenho um computador que pode fazer as coisas mais incríveis e economizar uma grande quantidade de tempo. Além disso, eu também tenho um portátil que eu levo comigo quando viajo. Depois de inserir as informações, eu apenas as transfiro por meio de um modem para o meu computador principal. Que economia de tempo!

Claro, essas novas maravilhas eletrônicas também podem causar perda de tempo. Milhões compraram computadores para equilibrar seus talões de cheques ou manter números de telefone. Isso é como entrar em um carro e dirigir para visitar seus vizinhos da porta ao lado. Então, *analise* cuidadosamente como usar esses novos eletrônicos também. E, se o seu negócio é mais sofisticado, peça a um especialista para ajudá-lo. Lembre-se, você não precisa ser bom em tudo se tiver outros cobrindo suas fraquezas.

Faça as perguntas certas

Ao gerenciar pessoas, um dos maiores economizadores de tempo é fazer perguntas — mais especificamente, fazer as perguntas certas. Na psicologia comportamental aprendemos que tudo é resultado de outra coisa. E, quando surge um problema, geralmente é uma pista de que um problema mais profundo está abaixo da superfície.

A melhor maneira de se aprofundar neles é não tirar conclusões precipitadas, mas fazer perguntas.

Se Maria não está fazendo vendas, podemos dizer: "Tudo bem, precisamos dar a Maria uma palestra sobre como fazer vendas". Ou talvez devêssemos perguntar ao seu supervisor: "Por que Maria não está fazendo vendas?" O supervisor pode dizer: "Ela não está fazendo chamadas suficientes". Então nós cavamos mais fundo. "Por que ela não está fazendo chamadas suficientes?" E nos dizem: "É porque ela não começa o dia cedo o bastante". Suponho que poderíamos parar por aqui e tentar motivar Maria a começar mais cedo. Mas, em vez disso, fazemos mais uma pergunta: "Por que Maria não está começando seu dia mais cedo?" *Agora*, finalmente chegamos ao cerne da questão. Talvez, Maria esteja tendo um problema pessoal. Talvez não sejam suas habilidades de vendas que precisem de melhorias.

As causas reais para problemas importantes são, em geral, enterradas em várias camadas de profundidade. Ao se tornar bom em fazer as perguntas certas, você pode economizar muito tempo, chegando à raiz dos problemas bem mais depressa.

QUATRO FORMAS DE PENSAR NO PAPEL

Uma das maiores ferramentas para uma gestão de tempo bem-sucedida é ter a capacidade de pensar no papel. Construir um empreendimento de sucesso é como construir uma casa. Você visualiza as ideias, as coloca no papel e as executa. Na minha empresa, temos uma palavra a dizer: TRABALHE A PARTIR DO DOCUMENTO, NÃO DO PENSAMENTO.

Construir um dia também requer pensar no papel. Acaba quando uma pessoa acorda de manhã e diz: "Vamos ver, o que devo fazer hoje?" É *tarde demais*. A melhor coisa que a pessoa pode fazer é tirar o resto do dia de folga e começar a planejar o dia seguinte, a próxima semana, o próximo mês.

Pensar no papel é um processo criativo. Há muito mais ali do que uma simples lista do "que fazer". Na verdade, existem quatro métodos diferentes, mas essenciais, que você deve usar para planejar sua vida:

Sua agenda

Em minhas palestras e seminários intensivos, passo muito tempo promovendo o uso de agendas. Faço isso porque é minha convicção que elas são ferramentas inestimáveis para os estudantes sérios da vida bem-sucedida.

Uma agenda é um local de encontro para todas as boas informações e sabedoria que surgem em seu caminho. Boas ideias podem se originar de quase qualquer coisa aqui. Talvez, você possa ouvir um sermão particularmente significativo. Ou você pode ler algum dado que pode usar. Você pode até pensar em uma ótima ideia enquanto dirige.

O ponto é: NÃO DEIXE QUE BOAS IDEIAS LHE ESCAPEM.

Uma grande ideia pode mudar sua vida — se você a capturar. Tenha uma agenda ou um bloco de anotações com você em todos os momentos, não importa onde estejam.

Um livro de projetos

Por mais ambicioso e ocupado que você seja, tem muitos projetos nos quais está trabalhando e pessoas com quem está lidando. Pessoas ocupadas como você, muitas vezes, se sentem como se fossem malabaristas que devem manter todos os pratos girando ao mesmo tempo. Não é fácil.

Uma das melhores maneiras de manter o controle é obter um livro de projetos — um fichário com aro e abas. Se você estiver trabalhando com pessoas, atribua uma seção separada em seu fichário para cada indivíduo. Na aba de cada pessoa, mantenha todas as informações pertinentes dele ou dela. Observe o desempenho de cada pessoa, sua família, seus objetivos, seus pontos fortes, suas necessidades ou qualquer outra coisa que você considere relevante. Como gerente, você também pode querer ter informações como registros de vendas ou gráficos de desempenho. Desta forma, se precisar avaliar o desempenho, terá uma informação útil e concreta.

Agora, dependendo do seu negócio ou profissão, você também pode querer "marcar" cada escritório ou departamento. Ou pode querer categorizar itens projeto por projeto — isso depende de você. A chave é centralizar todos os dados para que você possa se concentrar neles sem ter que gastar horas perdidas procurando informações em inúmeros arquivos esquecidos.

Este conceito de ter um livro de projeto também funcionará para seus assuntos pessoais.

Por exemplo, você pode "ficar de olho" em cada um de seus filhos. Manter informações sobre seus filhos soa um pouco frio? Então deixe-me lhe perguntar: Você se lembra do último boletim do seu filho? Em caso afirmativo, como se compara ao anterior? Que evento seu filho pediu que você participasse? Você tem isso escrito? Lembra-se da última conversa importante que tiveram? Qual era a principal preocupação dele?

Entenda, as crianças se lembram de todas as interações com seus participantes. Infelizmente, nós, como pais, muitas vezes, estamos preocupados e desatentos. Manter uma seção separada sobre cada criança pode, de certa forma, nos lembra do essencial.

Com certeza, seus assuntos financeiros pessoais também se beneficiarão desse sistema, permitindo que você se refira bem depressa a todos os seus investimentos, suas apólices de seguro e afins.

Agora, você precisa mesmo de uma agenda ou um livro de projeto para sobreviver? Claro que não! Se tudo o que você quer é sobreviver, nada disso realmente importa. Entretanto, para aqueles de vocês na jornada para a riqueza e a felicidade, essas técnicas podem acelerar seu progresso além da crença.

Um planner

Outro método de organizar seus pensamentos no papel é usando um *planner* diário. Agora, quando falo de um *planner*, não me refiro ao tipo que mal lhe dá espaço para escrever seus compromissos. O tipo a que me refiro eu chamo de "Day-Timer". (*Day-Timers* também é o nome da empresa.) O *Day-Timer* é um registro diário de seus compromissos e horários. É muito mais. Ele tem um lugar para acompanhar as despesas de negócios, resultados de reuniões, conversas telefônicas e listas de "tarefas".

Seu *Day-Timer* também pode ser usado como um local de encontro para os destaques diários ou semanais que você deseja registrar em sua agenda ou livro de projeto. Pense nisso como o local central a partir do qual você processa todas as suas informações do dia, da semana, do mês e até do ano.

Uma estratégia de jogo

Uma estratégia de jogo pode fazer toda a diferença no mundo no que diz respeito a como o seu jogo da vida se transforma. O termo "estratégia de jogo" é irônico porque, mesmo que pareçamos entender a importância de mapear uma para um jogo de futebol ou de basquete, poucos de nós tomamos o tempo para delinear uma estratégia de jogo para nossas vidas.

Aqui está a primeira e mais importante regra para a estratégia da sua vida: NÃO COMECE O SEU DIA ATÉ QUE VOCÊ O TENHA CONCLUÍDO. Porque cada dia é um mosaico inestimável em sua estratégia de vida para a riqueza e felicidade, sempre planeje o seu dia antes de começar. E faça isso todos os dias. Sim, eu sei, toda essa escrita pode ser tediosa. Lembre-se, o valor é o resultado frutífero do esforço, não da esperança.

Depois de dominar a arte de planejar seu dia, todos os dias, você estará pronto a se formar para o próximo nível de maior sucesso. A próxima chave é: NÃO COMECE A SEMANA ATÉ VOCÊ TER FINALIZADO.

Planeje sua semana antes de iniciá-la. Imagine como será sua vida se você se perguntar no domingo à noite: "O que eu quero realizar esta semana?" Sim, eu sei, é um pouco exagerado, contudo se você aprender a planejar seus dias como parte do seu plano de jogo para a semana, todas as partes se encaixarão muito melhor. Como resultado, cada dia será bem mais eficaz.

Depois de dominar seu planejamento por uma semana, você é capaz de planejar sua vida um mês de cada vez. Portanto, a próxima chave é: NÃO COMECE SEU MÊS ATÉ QUE ELE ESTEJA CONCLUÍDO.

Ao seguir essa regra, suas semanas e dias se tornarão parte de um projeto maior. Você está desenvolvendo uma visão a longo prazo de sua vida, ganhando uma perspectiva maior, porque agora você está planejando.

Assim você aprenderá a coordenar suas metas diárias, semanais e mensais com seus objetivos de três meses, seis meses e um ano.

Olha, vai ser preciso muita disciplina da sua parte. Mas quando você conseguir isso, será chamado de mestre. Pode ser um "caminho alto" para o domínio do tempo, mas tenho certeza de que você apreciará a vista, o gosto e a companhia de outros mestres como você!

COMO PREPARAR UMA ESTRATÉGIA DE JOGO

Há duas coisas que você deve entender sobre a criação de estratégias de jogo. Primeiro, uma estratégia age como uma planilha, mas, em vez de listar números, ela lista atividades. Em segundo lugar, você pode usar essa técnica para um único projeto ou uma variedade de projetos simultâneos.

Veja como funciona: Em um monte de papel gráfico, faça colunas verticais do número de dias que sua estratégia deve cobrir. Em seguida, no lado esquerdo do papel, faça um título chamado "atividades". Sob este título, liste todas as atividades a serem executadas dentro desse prazo.

Por exemplo, digamos que você esteja trabalhando no lançamento de uma câmera para um novo produto. Para cada atividade necessária (conferência de vendas, suporte publicitário, embalagem, pesquisa de mercado), determine o prazo que deve ser cumprido e assinale-o na planilha. Em seguida, calcule os dias que levará para realizar a tarefa e bloqueie-os em sua folha de estratégia de jogo. O resultado final é uma apresentação visual clara das tarefas diante de você.

As estratégias são frustrantes de criar. Você pode rasgar vários papéis antes de produzir uma perfeita. Mas elas são frustrantes apenas porque você está achando difícil priorizar todos os seus projetos. No entanto, uma vez que você monte sua estratégia de jogo, desfrutará de uma sensação extremamente satisfatória.

Mantenha-a onde possa vê-la. Exponha-a na parede do seu escritório ou no seu livro de projetos. Servirá como um lembrete constante das tarefas em mãos.

As estratégias de jogo são empolgantes e penosas. São penosas porque ficam lembrando você de continuar com seus planos. Elas também são penosas quando você está atrasado. No entanto, elas também são empolgantes, porque você vê a magia dos sonhos e planos se transformando em realidade. Isso é imensamente gratificante. A sensação que você tem não é diferente da de um grande artista examinando uma tela concluída. É a sensação incrível de estar no comando.

● ● ●

Um dia bem formado, com um começo e um fim, um propósito e um conteúdo, uma cor e um carácter, uma sensação e uma textura — ocupa o seu lugar entre muitos e se torna uma valiosa memória e tesouro. E, à medida que um dia bem formado se transforma em outro, emerge uma vida que é uma obra-prima, uma equidade de experiência e espírito. Pois, como alguém disse uma vez: "No meio do caminho, os mensageiros alados vêm e recolhem todas essas peças e as levam para onde quer que o mosaico seja mantido. De certo, de vez em quando, um mensageiro diz a outro: "Espere até ver *este*".

SEXTA ESTRATÉGIA

Cerque-se de Vencedores

Capítulo 9

O princípio da associação

Uma das principais influências que moldam a pessoa que você quer ser também é uma das menos compreendidas. É a sua associação com os outros — as pessoas que você permite em sua vida. Você já pensou em como os outros moldam sua vida? O pensamento nem sequer me ocorreu até que o Sr. Shoaff disse:
— Jim, nunca subestime o poder da influência.

Claro que ele estava certo. A influência daqueles que nos rodeiam é tão poderosa, tão sutil, tão gradual que muitas vezes nem percebemos como isso pode nos afetar.

Pense nisso. Se você está perto de pessoas que gastam toda a sua renda, as chances são excelentes de que você se tornará um gastador. Se você está perto de pessoas que vão a mais jogos de luta livre do que a shows, é provável que você se junte a elas. Tal é o poder da pressão dos pares.

Mas vai além. Se você está perto de pessoas que acham que está tudo bem em trapacear um pouco, você também pode ser persuadido a transgredir algumas normas. As pessoas podem, de fato, lhe tirar do curso até que um dia, dez anos depois, você acorda se perguntando: "Como eu cheguei aqui, afinal?"

Esse não será um momento muito feliz...

Para evitar perder tempo com as pessoas erradas, você precisa se fazer três perguntas fundamentais:

1. Com quem passo meu tempo?
2. O que eles estão fazendo comigo?
3. Essa parceria está bem comigo?

Não descarte essas perguntas. Dê uma olhada no tempo que você gasta com cada um de seus principais parceiros. É positivo e construtivo ou é negativo e destrutivo?

Não tem certeza? Então, pense nessas coisas:

- O que eles lhe influenciaram a fazer?
- O que eles fizeram você ouvir?
- O que eles lhe influenciaram a ler?
- Para onde eles te levaram?
- O que eles lhe influenciaram a pensar?
- Como eles lhe influenciaram a falar?
- Como eles fizeram você se sentir?
- O que eles lhe influenciaram a dizer?

Enfim, depois de ter ponderado sobre isso, faça a si mesmo esta última pergunta: Minhas associações atuais estão me ajudando a crescer na direção que escolhi por meio da definição de metas? Se você tiver a sorte de responder sim a essa pergunta, fico feliz por você. Mas se não tem tanta certeza, então é hora de avaliar seus relacionamentos com algumas das principais parcerias de sua vida.

É tão fácil descartar essa questão da influência. O "cara" diz: "Eu moro aqui, mas não importa. Estou perto dessas pessoas, mas elas não me incomodam." Bem, ele está errado. Tudo importa! Esta é uma boa frase para lembrar: TUDO IMPORTA.

Este livro é diferente de muitos outros porque lida com a realidade, não com o pensamento ilusório. De fato, um dos principais propósitos deste livro é fazer com que você diga: "Os dias de brincar comigo mesmo acabaram. Eu quero saber o que eu me tornei e no que estou me tornando. Eu quero saber quais são meus pontos fortes e fracos, o que tem poder sobre mim e o que está me influenciando, o que eu permiti que afetasse a minha vida."

Então, dê uma olhada e depois reveja. Tudo o que vale a pena merece uma segunda olhada, especialmente o poder de influenciar.

Talvez, você já tenha ouvido a história da pequena andorinha. Cobria um olho com a asa e chorava amargamente. Uma coruja voou e perguntou: "Passarinho, o que há de errado?" A andorinha afastou sua asa e mostrou um corte onde uma vez tinha um olho. "Agora eu entendo", piou a coruja, piscando, "Você está chorando por que o corvo bicou seu olho?!" — "Não", respondeu o pássaro com tristeza, "Eu não estou chorando porque o corvo bicou meu olho, estou chorando porque *deixei*".

Existe alguém que está bicando sua visão? Existe alguém que tenta cegar você de ver seus sonhos? Olha, é fácil deixar que as influências moldem nossas vidas, especialmente as influências negativas. É fácil deixar que as associações determinem nosso caminho, deixar a persuasão nos dominar, deixar que as marés nos ultrapassem e deixar que as pressões nos moldem. A questão é: isso é o que você quer?

Você está se tornando, realizando e adquirindo o que você quer, ou está deixando os outros roubarem seus sonhos?

DISSOCIAR

Se, depois de analisar seus relacionamentos atuais, você determinar que tem algumas ervas daninhas em seu jardim, há algumas coisas que você pode fazer.

Primeiro, você pode se separar daquelas pessoas que são destrutivas para o seu bem-estar. Eu admito que esta é uma coisa difícil de fazer, ainda mais se for um membro da família. Porém, se você tem alguém que encontra um grande prazer em tentar bicar seus sonhos, seus objetivos ou suas crenças, se livre de sua influência.

Lembre-se, pode ser a escolha que salva a qualidade da sua vida.

É claro que a vida raramente é tão simples assim. Às vezes, nos encontramos tendo que passar tempo com pessoas desagradáveis — colegas de trabalho, parceiros de negócios e outros. Naquelas circunstâncias em que você não pode se dissociar por completo, tente a associação *limitada*.

Há também aquelas situações em que associações superficialmente agradáveis podem ter um efeito negativo a longo prazo em nossas vidas. Se você passar duas noites por semana bebendo com seus amigos, sua vida pode enfim girar de maneira perigosa fora do eixo. As consequências daqui a cinco, dez, vinte anos podem ser devastadoras.

É fácil permanecer medíocre. Tudo o que você precisa fazer é restringir-se a coisas menores com pessoas secundárias. Pessoas sofisticadas pesam suas ações. Elas sabem distinguir o maior do menor. Elas não costumam ficar confusas com essas coisas.

Claro, pessoas sofisticadas têm amigos casuais. A diferença é que, em vez de passar muito tempo com eles, passam um tempo descontraído e relativamente sem importância. Eles apenas não *desperdiçam* seu tempo em amizades fúteis e "adeus aos bon-vivants".

É a sua vida. Você pode gastar seu tempo com quem quiser e como quiser. Mas eu não acredito que você investiu neste livro para eu lhe agradar. Você deve dar uma olhada em suas prioridades e valores, incluindo suas associações, e avaliá-las. Seu tempo nesta terra é muito curto para gastá-lo menos do que sabiamente.

AMPLIAR PARCERIAS

Da dissociação, vamos passar para um tópico mais feliz: a expansão de parcerias. Aqui vai a regra da ampliação de parcerias: PASSE MAIS TEMPO COM AS PESSOAS CERTAS. Quem são essas pessoas certas? Isso depende de suas metas e seus objetivos. Portanto, no geral, procure pessoas de substância e cultura — pessoas que passam tempo refletindo sobre o sentido da vida e que realizam grandes coisas por meio da disciplina e perseverança.

Foi o que o Sr. Shoaff me aconselhou logo depois de nos conhecermos. Ele disse: — Se você quer sucesso de verdade, você tem que se cercar com as pessoas certas. — Então, com um olhar irônico, ele acrescentou: — É claro que, em suas circunstâncias atuais, você terá que planejar e esquematizar para conseguir isso. — Isso era verdade! Eu *tive* que planejar e esquematizar para me cercar das pessoas certas.

Nos primeiros dias, quando chamado para fazer uma apresentação de vendas, eu estacionava com frequência meu calhambeque-nada-silencioso a vários quarteirões de distância. Invariavelmente alguém me perguntava: "A propósito, Jim, como você veio?" — ao que eu respondia: "Oh, alguém me deixou aqui". Claro, esse alguém era *eu* me deixando com a minha barulhenta "bomba".

Na verdade, não é tão difícil se associar a pessoas de sucesso. Basta se envolver em sua comunidade. Tenho uma amiga que começou um negócio de vendas. Ela, então, se juntou à câmara de comércio de sua cidade, se tornando ativa em alguns comitês e, antes que percebesse, foi convidada a jogar tênis com algumas das pessoas mais influentes da cidade. Veja, não é tão difícil criar associações.

Além disso, como discutimos em um capítulo anterior, faça um investimento no apetite de uma pessoa rica. Leve uma pessoa rica para uma refeição. Não há como dizer o que você pode aprender em uma ou duas horas de conversa orientada para a riqueza.

Ao expandir suas associações, dê uma olhada nas prioridades de sua vida. A isso chama-se associar a um propósito.

Por exemplo, encontre algumas pessoas de sucesso para ajudá-lo com seu plano, encontre algumas pessoas saudáveis para incentivá-lo a ter um plano de exercícios e nutrição; encontre alguém que saiba como viver para lhe ensinar os segredos de um estilo de vida gratificante. E não tenha vergonha de cultivar a amizade dessas pessoas. A maioria das pessoas bem-sucedidas adora compartilhar seus conhecimentos com os outros. (É provavelmente por isso que são bem-sucedidas em primeiro lugar.)

Pessoas bem-sucedidas procuram aqueles que admiram. Elas consideram que a inspiração e o conhecimento podem ser obtidos a partir do tipo certo de associação. Não sou exceção a esta regra. Eu tenho essa associação, uma pessoa com quem eu gosto de passar o máximo de tempo possível. Ele é um caçador de animais de grande porte, milionário, viajante e empreendedor. Ele também é um dos grandes filósofos do mundo.

Meu amigo tem muitas habilidades, mas duas são bem estranhas.

Primeiro, ele tem a capacidade de absorver os eventos de um dia em detalhes minuciosos. Não só ele se lembra de cada dia, acredito que ele também pode se lembrar de todos os dias de sua vida adulta. Ele é capaz de se lembrar de todos os livros que já leu. Ele parece reter todos os fatos que aprende. Se eu tivesse a possibilidade de ir a um país estrangeiro ou de o fazer visitar e contar a sua viagem, quase escolheria o último. Por quê? Porque ele não perde nada que seja importante. Ele absorve cada evento como uma esponja.

Seu segundo talento é sua expressividade. Quando ele retorna de uma viagem, ele a descreve em detalhes vívidos os sons e as cores do país, os costumes e as preocupações de seu povo, as pequenas experiências e os principais acontecimentos de sua jornada. Ele pode colocar tudo o que viu, tocou e sentiu em palavras empolgantes e vibrantes.

Enquanto ele relata uma viagem, seus ouvintes podem sentir a queda da cachoeira, a brisa fresca dos ventos do norte, as cores e aromas das cidades e do campo. Que dom ele dá àqueles de nós privilegiados por conhecê-lo!

Que valor se pode dar a uma associação tão única? Não sei, mas posso dizer com confiança que, a partir de nossa associação, expandi meu conhecimento, minha percepção, minha habilidade, meu empreendimento e meu estilo de vida muitas vezes.

Onde você vai para uma festa intelectual? Tenha pena da pessoa que tem um restaurante favorito, mas não um pensador predileto. Essa pessoa teve o cuidado de alimentar o corpo, mas não sua mente e alma.

Hoje, graças a Gutenberg, Marconi e outros pioneiros no campo do registro de informações, também podemos nos associar através dos mares e ao longo dos séculos. Talvez você não possa conhecer a pessoa, mas você pode ler suas palavras ou ouvir sua voz gravada. Churchill, Aristóteles e Lincoln não estão mais vivos, mas suas palavras ainda podem admirar, inspirar e instruir.

• • •

Associação — é uma das sete estratégias para a riqueza e a felicidade. Mantenha as ervas daninhas de influência negativa afastadas de sua vida. Em vez disso, "cultive" as sementes da influência construtiva. Você não vai acreditar na colheita da boa sorte que irá colher!

SÉTIMA ESTRATÉGIA

Aprenda a Arte de Viver Bem

Capítulo 10

Sua vereda para um estilo de vida enriquecido

Em seu papel como professor, o Sr. Shoaff me desafiava continuamente. Assim que eu aplicasse seus princípios em uma área, de imediato, ele levantaria outro princípio de importância fundamental.

Uma vez que comecei a ganhar a vida no mercado e fazer mais dinheiro, ele disse: — Jim, não aprenda apenas a ganhar, aprenda a viver!

Eu não entendia. Na verdade, nem estava prestando tanta atenção. "Cá estou", pensei, "trabalhando duro, me esforçando para atingir metas, vendo o sucesso. Do que ele está falando? O que ele acha que estou perdendo? *O que há mais?*".

Lendo meus pensamentos, o Sr. Shoaff sorriu e disse: — Jim, há algumas pessoas que têm coisas bonitas ao seu redor e, ainda assim, sentem pouca felicidade; outros acumularam enormes somas de dinheiro e, no entanto, são pobres de espírito e encontram pouca alegria em sua vida. Eu quero que você aprenda a arte de projetar um estilo de vida, de aprender a viver.

— Bem, — respondi, — eu posso pensar sobre isso quando eu tiver muito dinheiro. Agora, eu devo apenas aprender a fazê--lo, não concorda?

— Não, Jim,— disse ele, — fazendo não com a cabeça, — é mais fácil aprender a arte de projetar um estilo de vida com pequenas quantidades. Na verdade, começa com dois quartos. — —Dois quartos? — exclamei. — Como alguém pode desenvolver um estilo de vida com dois quartos?

O Sr. Shoaff riu. O vendedor consumado, ele sabia que enfim tinha toda a minha atenção. — Imagine que você está engraxando os sapatos. Seu engraxate está fazendo um trabalho incrível. Na verdade, você está recebendo um dos maiores brilhos de todos os tempos do mundo. Ao pagá-lo pelo brilho, você considera que tipo de gorjeta lhe dar. Você pensa: "Devo dar-lhe um quarto ou dois quartos?" Se duas quantias diferentes vierem à mente, todos os caminhos vão para a quantidade maior, se torne uma pessoa de dois quartos.

— "Devo estar sentindo falta de alguma coisa", pensei. Perplexo, perguntei: — Que diferença faz: um quarto ou dois quartos?

— Faz toda a diferença no mundo. Se você dissesse: "Bem, eu vou apenas dar a ele um quarto, isso afetaria você pelo resto do dia. Você começará a se sentir um pouco culpado, um *pouco* inseguro. Em algum momento, durante o seu dia, você olhará para o brilho em seu couro e dirá: "Eu sou um sovina. Um miserável um quarto de gorjeta por um brilho como este!"

— Por outro lado, — acrescentou, — se você for para os dois quartos, você se sentirá próspero e confiante durante todo o dia. Você não pode acreditar na diferença que uma mentalidade de dois quartos pode fazer."

Anos mais tarde, um homem, em Detroit, veio atrás de mim em um dos meus seminários e disse: "Sr. Rohn, o senhor me inspirou esta noite com sua descrição da atitude de dois quartos. Decidi mudar toda a minha vida. O senhor ainda vai ouvir falar de mim um dia." E foi embora.

Com certeza, alguns meses depois, quando eu estava lecionando de novo, em Detroit, o mesmo homem subiu ao pódio com um grande sorriso no rosto e disse: "Lembra-se de ter me conhecido?"

"Claro que sim", respondi. "Você é o homem que disse que iria mudar de vida."

Ele fez que sim com a cabeça e disse: "Eu tenho que lhe contar uma história. Depois do seu último seminário, comecei a pensar em maneiras de como começar a mudar a minha vida e decidi começar pela minha família. Eu tenho duas filhas adolescentes adoráveis — as melhores crianças que alguém poderia pedir. Elas nunca me dão nenhum problema. No entanto, eu sempre lhes chateei. Uma das coisas que elas adoram fazer é assistir a shows de rock para ver seus artistas favoritos. Agora eu sempre criei dificuldades para com isso. Elas pediam permissão para ir e eu dizia: "Não, eu não quero que você vá. A música é muito alta. Você vai arruinar sua audição. E, além disso, é a turma errada.

Então, a coisa sempre se repetia. Elas imploravam: "Por favor, papai, nós queremos ir. Nós não lhe damos nenhum problema. Somos boas meninas. Por favor, deixe-nos ir".

Depois que elas imploraram por tempo suficiente, eu, com relutância, joguei o dinheiro para elas e disse: "Tudo bem, se vocês desejam tanto *assim...*"

Foi quando eu decidi começar a fazer algumas mudanças em minha vida. Aqui está o que eu fiz: eu vi este anúncio para um show com um dos artistas favoritos das minhas filhas, então eu fui à bilheteria e comprei os ingressos, sozinho.

Quando cheguei em casa, entreguei-lhes o envelope e disse: "Aqui estão os ingressos para o próximo show de rock. Eu sei que o grupo é um dos seus favoritos".

"Jim", continuou o homem, com lágrimas brotando em seus olhos, "você deveria ter visto o olhar em seus rostos. Eu disse a elas que os dias de mendicância acabaram. Que abraço eu recebi! Então eu as fiz prometer que não abririam o envelope até que elas chegassem ao show".

"E sabe de uma coisa?! Eu consegui os ingressos para o centro da décima fila, me diverti muito a noite toda só imaginando a emoção delas."

"Minha verdadeira recompensa veio quando elas chegaram em casa. Uma delas caiu no meu colo e a outra envolveu os braços em volta do meu pescoço, e ambas disseram: 'Papai, você é o maior'".

Que história maravilhosa! E que exemplo convincente de como é possível, com apenas uma pequena mudança de atitude, transformar o estilo de vida. É apenas uma questão de aprender a ser generoso de espírito e aprender a desenvolver uma mentalidade de dois quartos em um mundo de pensamento de um quarto.

MESMA QUANTIA, ESTILO DIFERENTE

Aqui está um pensamento importante: SEJA FELIZ COM O QUE VOCÊ TEM ENQUANTO PERSEGUE O QUE VOCÊ QUER.

Eu tento viver isso todos os dias da minha vida.

Em verdade, não é tão difícil aprender a arte de viver. Mesmo pessoas com meios modestos podem experimentar um estilo de vida sofisticado. Elas apenas economizam parte do dinheiro do refrigerante para uma garrafa de vinho fino. Ou elas trocam a ida ao cinema e frequentam o teatro. Ou, economizando seu dinheiro durante todo o ano, elas têm o suficiente para uma viagem à Europa ou uma bela obra de arte.

Não gaste todo o seu dinheiro, um quarto por vez. Economize e compre algo especial — algo bom, de valor duradouro ou algo que lhe dará memórias ricas por toda a vida. Lembre-se, todo esse dinheiro de doces pode somar uma pequena fortuna. E para uma pessoa sofisticada, a qualidade é muito mais importante do que a quantidade. Melhor alguns tesouros do que uma casa cheia de lixo. Um estilo de vida, como eu o defino aqui, é uma questão de consciência, valores, educação e gosto disciplinado. É uma arte que traz alegria à medida que é praticada. É a decisão deliberada de saborear e aproveitar todas as experiências e possibilidades da vida.

Estilo de vida significa expandir seus conhecimentos e experiências a partir da influência de livros, pessoas, filmes e novas aventuras. Portanto, tome cuidado para aproveitar e aprender com tudo e com todos com quem você entra em contato.

Pense em algo que você pode fazer hoje para se sentir mais rico e melhor sobre si mesmo e sua vida; faça um telefonema para reservar ingressos para um show, compre algumas gravações de música fina, envie flores, envie uma nota de agradecimento, planejar uma viagem, comece a ler um clássico.

Ainda não consegue pensar em nada para fazer? Aposto que dentro de 50 quilômetros de onde você está agora, há alguns lugares que você nunca viu, alguns alimentos que você nunca provou, algumas experiências que você nunca teve.

É verdade para mim. Como você sabe, eu cresci em Idaho, onde fica uma parte do grande Parque Nacional de Yellowstone. E, no entanto, nunca estive em Yellowstone. Imagine isso! Milhões viajaram de todo o mundo para ver os ursos pardos e os Old Faithful, e eu, um nativo de Idaho, nunca estive lá. Eu estive na África, mas não em Yellowstone.

Você tem uma história de "Yellowstone" em sua vida? Você é um nova-iorquino que nunca esteve na Estátua da Liberdade? Ou um texano que nunca esteve no Álamo? Ou um canadense que nunca visitou Ottawa? Então, assim como eu, você está perdendo algumas oportunidades maravilhosas para experimentar um estilo de vida expandido.

Vamos todos definir novas metas para não perder nada, especialmente aquelas coisas que estão ao nosso alcance. Pode ser preciso um pouco de iniciativa de nossa parte, mas pense que recompensas nos esperam! Tudo o que precisamos fazer é permitir que um ato consciente surja de um pensamento único. E esse ato fará a ponte entre nossos sonhos e a realidade de uma nova experiência.

Até agora você sabe que eu tenho um respeito saudável pelo valor da riqueza material na vida. Mas dinheiro também pode ser superestimado, até mesmo adorado. Muitas vezes, é-lhe dado poderes que apenas não possui.

Lembro-me de dizer ao Sr. Shoaff: "Se eu tivesse mais dinheiro, seria feliz". No entanto, ele respondeu: "A chave para a felicidade não é *mais*. A felicidade é uma arte a ser estudada e praticada. Mais dinheiro só vai fazer você mais rico do que já é. Mais só irá enviá-lo mais depressa para o seu destino. Então, se você está inclinado a ser infeliz, será luxuosamente miserável com mais dinheiro. Se está inclinado a ser desagradável, a riqueza fará de você um terror. E se você estiver inclinado a beber um pouco demais, mais dinheiro só permitirá que você se desperdice em bebida.

"Por outro lado, se você dominar a arte do estilo de vida e da felicidade, mais dinheiro o ajudará a amplificar sua felicidade e riqueza interior."

Ter um bom estilo de vida está acima de quantidade. E o estilo é uma arte — a arte de viver. Você não pode comprar estilo com dinheiro. Você não pode comprar bom gosto com dinheiro. Você só pode comprar *mais* com dinheiro.

Estilo de vida é cultura: a apreciação da boa música, dança, arte, escultura, literatura e peças de teatro. É um gosto pelo fino, pelo único, pelo belo.

Mortimer Adler, o filósofo, disse: "Se não formos para os gostos mais elevados, nos contentaremos com os inferiores".

Então lembre-se da missão. É ter o melhor no tempo disponível para nós. Não é a quantidade, é o valor.

Estilo de vida também significa recompensar a excelência onde quer que você a encontre, não levando as pequenas coisas da vida para a concessão. Deixe-me ilustrar isso com uma anedota pessoal:

Minha amiga e eu estávamos em uma viagem a Carmel, Califórnia, para algumas compras e passeio. No caminho, paramos em um posto de gasolina. Assim que estacionamos nosso carro na frente das bombas, um jovem, de cerca de 18 ou 19 anos, veio saltando para o carro e com um grande sorriso disse: "Posso ajudá-lo?"

"Sim", respondi. "Um tanque cheio de gasolina, por favor."

Eu não estava preparado para o que veio a seguir. Nesta época de autoatendimento e tratamento de clientes desafiador, esse jovem verificava todos os pneus, lavava todas as janelas — até mesmo o teto solar — cantando e assobiando o tempo todo. Não podíamos acreditar tanto na qualidade do serviço quanto em sua atitude otimista sobre seu trabalho.

Quando ele trouxe a conta, eu disse ao jovem: "Caramba, você cuidou muito bem de nós mesmo. Eu aprecio isso."

Ele respondeu: "Eu realmente gosto de trabalhar. É divertido para mim e posso conhecer pessoas legais como você."

Esse garoto era incrível!

Eu disse: "Estamos a caminho do Carmel e queremos tomar alguns milkshakes. Você pode nos dizer onde podemos encontrar a sorveteria Baskin-Robbins mais próxima?"

"A Baskin-Robbins está a apenas alguns quarteirões de distância", disse ele enquanto nos dava instruções exatas. Em seguida, ele acrescentou: "Não estacione na frente, estacione ao redor para que seu carro não seja amassado na lateral."

Que criança!

Quando chegamos à sorveteria, pedimos milkshakes, exceto que, em vez de dois, pedimos três. Em seguida, voltamos para o posto. Nosso jovem amigo saiu correndo para nos cumprimentar. "Ei, eu vejo que você tem seus milkshakes."

"Sim, e este é para você!"

Sua boca se abriu. "Para mim?"

"Com certeza. Com todo o serviço fantástico que você nos deu, eu não poderia deixá-lo de fora do acordo de milkshake."

"Uau!" foi a sua resposta espantada.

Enquanto nos afastávamos, eu podia vê-lo pelo meu espelho retrovisor parado lá, sorrindo de orelha a orelha.

Agora, o que esse pequeno ato de generosidade me custou? Apenas cerca de 2 reais. (Este número me persegue, não é?) Veja, não é o dinheiro, é o estilo.

Devo ter me sentido especialmente criativo naquele dia. Em nossa chegada ao Carmel, dirigi direto a uma floricultura. Quando entramos, eu disse à florista: "Preciso de uma rosa de haste longa para minha senhora carregar enquanto vamos às compras no Carmel".

O florista, um tipo pouco romântico, respondeu: "Nós as vendemos a dúzia".

"Eu não preciso de uma dúzia", disse, "apenas uma".

"Bem", ele respondeu altivamente, "isso irá lhe custar 2 reais".

"Maravilhoso", exclamei. "Não há nada pior do que uma rosa barata".

Selecionei a rosa com alguma cautela e a entreguei para a minha amiga. Ela ficou tão impressionada! E o custo? *2 reais.* Apenas 2 reais. (Um pouco mais tarde, ela olhou mim e disse: "Jim, eu devo ser a única mulher no Carmel hoje carregando uma rosa.")

Além da lição de dois quartos, o Sr. Shoaff me ensinou uma outra lição sobre gorjeta. Ele me explicou que o termo "gorjeta" significa "garantia de presteza".

— Agora, — disse ele, — se uma gorjeta é destinada a garantir a presteza, quanto deve ser uma gorjeta?

Eu sabia para onde ele estava me levando, mas ainda estava pensando "médio". — Quando você faz uma refeição e o serviço é bom, você deixa uma gorjeta. Se você receber um péssimo serviço, nenhuma gorjeta", foi minha resposta.

— Não, Jim, você não entende. Pessoas sofisticadas não se arriscam em um bom serviço. Elas garantem um bom *serviço* dando o dinheiro antecipadamente.

Experimente. Da próxima vez que você tiver uma refeição especial em um restaurante, peça ao garçom ou garçonete para vir à sua mesa, coloque o braço no ombro dele e diga: "Aqui estão 5 reais. Você cuidaria bem de mim e do meu amigo?"

Como o Sr. Shoaff disse: — Você não vai acreditar no que vai acontecer. Eles vão pairar sobre a sua mesa. Você não terá que se perguntar para onde eles foram ou esperar por uma segunda xícara de café.

Você está entendendo a mensagem? Mesma quantia, estilo diferente.

AMOR E AMIZADE

Viver em grande estilo também significa viver uma vida de equilíbrio. E um dos ingredientes mais importantes de uma vida equilibrada é ter alguém para amar e ser amado. Se você tem alguém com quem se importa, não há nada mais valioso. Uma pessoa cuidando do outro representa a vida em sua forma mais abundante.

Proteja o amor com todas as suas forças. Não deixe que nada fique em seu caminho. Se uma cadeira atrapalhar, sugiro que você a destrua. Não deixe que nada bloqueie o amor.

Foi sabiamente dito há muito tempo: "Há muitos tesouros, mas o maior deles é o amor". Em outras palavras, é melhor viver em uma barraca na praia e conhecer o amor do que viver em uma mansão sozinho. Pergunte-me... Eu sei. Sua família e seu amor devem ser cultivados como um jardim. O tempo, o esforço e a imaginação devem ser convocados constantemente para mantê--la florescente e em crescimento.

Ao lado do amor, a amizade é o mais importante. Não tem preço. Amigos são aquelas pessoas maravilhosas que sabem tudo sobre você e ainda gostam de você. Amigos são aquelas pessoas que ficam contigo quando todos os outros vão embora. E porque a vida não oferece garantias, tenha certeza, quando estiver por cima, de fazer os tipos de amigos que vão ficar com você quando estiver por baixo. A vida tem altos e baixos, e os amigos, os verdadeiros, tornarão os altos mais emocionantes e os baixos menos devastadores.

Eu tenho um desses amigos. Se eu fosse injustamente jogado em uma prisão em algum país estrangeiro, é para ele que eu ligaria. Você sabe por que eu o chamaria? Isso mesmo, porque ele viria. Agora, esse é um amigo — alguém que o tiraria de alguma prisão estrangeira. Eu sei que se custasse uma fortuna para me tirar de lá, ele a gastaria. E se demorasse muito tempo, ele esperaria o tempo necessário. Esse é um verdadeiro amigo. Espero que você tenha um amigo assim.

Eu também tenho alguns amigos casuais, conhecidos que, muito provavelmente, diriam: "Ligue-me quando você voltar para os Estados Unidos". Acredito que todos nós temos amigos assim. O problema surge quando confundimos sua função em nossas vidas com a amizade verdadeira.

• • •

Em conclusão, lembre-se disso: a boa vida não é uma quantidade; é uma atitude, um ato, uma ideia, uma descoberta, uma busca. A boa vida vem de um estilo de vida que é totalmente desenvolvido, de maneira independente do tamanho da sua conta bancária; um estilo de vida que lhe proporciona uma sensação constante de alegria em viver; um estilo de vida que alimenta o seu desejo de se tornar uma pessoa de profundo valor e realização. Afinal, o que é riqueza sem caráter, indústria sem arte, quantidade sem qualidade, empreendimento sem satisfação e posses sem alegria?

Você pode se tornar uma pessoa de cultura que acrescenta no geral. Você pode ser aquela pessoa de substância incomum que possui o estilo e a individualidade dos quais nossos filhos podem se tornar os maiores beneficiários.

Capítulo 11

O dia em que sua vida muda

Percorremos um longo caminho juntos. Neste livro, compartilhei um banquete de ideias com você — estratégias que, certamente, satisfarão seu apetite por riqueza e felicidade. E, no entanto, devo também partilhar com vocês uma preocupação.

Veja, se você assimilar todas as informações deste livro, é provável que possa se chamar de especialista nos princípios de riqueza e felicidade. Ora, você poderia, sem dúvida, dar uma palestra sobre os aspectos filosóficos do sucesso e soar bastante impressionante nisso.

Mas você deve fazer mais na vida do que conhecer a teoria de como as coisas devem funcionar. No sistema de livre iniciativa, você deve agir para fazer as coisas acontecerem. Somente o *conhecimento aplicado* conta.

Então, como você faz para preencher a lacuna entre o conhecimento e a ação? Existe um terceiro componente que atua como um catalisador? Felizmente, há. São as nossas emoções.

EMOÇÕES

As emoções são as forças mais poderosas dentro de nós. Sob o poder das emoções, os seres humanos podem realizar o mais heroico (assim como os mais bárbaros) dos atos. Em grande medida, a própria civilização pode ser definida como a canalização inteligente da emoção humana. As emoções são o combustível e a mente é o piloto que, juntos, impulsionam o navio do progresso civilizado.

Quais emoções levam as pessoas a agirem? Existem quatro básicas; cada uma ou a combinação de várias pode desencadear a atividade mais incrível. O dia em que você permitir que essas emoções alimentem seu desejo é o dia em que você mudará sua vida.

Repulsa

Em geral, não se iguala a palavra "repulsa" com ação positiva. No entanto, devidamente canalizada, a repulsa pode mudar a vida de uma pessoa.

A pessoa que sente repulsa chegou a um ponto de não retorno. Ela está pronta para atirar a manopla da própria vida e dizer: *"Estou farta!"*

Foi o que eu disse depois da minha experiência humilhante com a escoteira e seus biscoitos de 2 reais. "Estou farto!", dissera eu. "Não quero *mais* viver assim. Estava farto de viver quebrado. Estava farto de ficar envergonhado, e estava farto de mentira."

Sim, sentimentos produtivos de repulsa vêm quando uma pessoa diz: "Basta". Ponto final.

O "cara" enfim ficou farto de ser um perdedor. Ele ficou farto com a mediocridade. Ele ficou farto com aqueles terríveis sentimentos doentios de medo, dor e humilhação. Ele vê sua esposa andando mais uma vez pelo corredor de produtos enlatados do supermercado para comprar uma lata de feijão, e ele sabe o que vai acontecer. Ele sabe que ela vai olhar para a marca que custa 69 centavos e a marca que custa 67 centavos. Ele sabe que, embora ela prefira a marca de 69 centavos, ela comprará a que custa 67 centavos. E ele sabe muito bem a razão pela qual ela optará em comprar a lata mais barata — para economizar *2 centavos*. 2 centavos! Nosso "cara", doente por dentro, diz: "Estou farto de ficar de joelhos na poeira procurando por centavos. Não quero *mais* viver assim."

Fique atento! Este pode ser o dia em que uma vida é mudada. Chame-o do que quiser — o dia do "estou farto", o dia do "nunca mais", o dia do "basta". Independentemente de como você o denomine, pode chamá-lo de poderoso! Não há nada que mude a vida como uma repulsa angustiante.

Por outro lado, não há nada mais lamentável do que uma leve repulsa. Alguém diz: "Eu meio que acho que estou farto disso…" Quão patético, quão sem personalidade. Não há combustível suficiente nesse tipo de emoção para impulsionar um barco de brinquedo em uma banheira!

Decisão

A maioria de nós precisa ser empurrada contra a parede para tomar decisões. E, uma vez que chegamos a esse ponto, temos que lidar com as emoções que vêm com elas. Chegamos a uma bifurcação na estrada.

Agora, esse garfo pode ser um garfo de dois, três ou até quatro pinos. Não é de se admirar que a tomada de decisão possa criar nós em nosso estômago, nos manter acordados no meio da noite ou nos fazer suar frio.

Tomar decisões que mudam a sua vida pode ser comparado a uma guerra civil interna. Exércitos conflitantes de emoções, cada um com seu próprio arsenal de razões, lutam entre si pela supremacia de nossas mentes. E nossas decisões resultantes, sejam ousadas ou tímidas, bem pensadas ou impulsivas, podem definir o curso de ação ou cegá-lo.

Eu não tenho muito conselho para lhe dar sobre a tomada de decisões, exceto por isto: O que quer que você faça, não acampe na bifurcação na estrada. Decida. É muito melhor tomar uma decisão errada do que não tomar nenhuma. Cada um de nós deve confrontar nossa turbulência emocional e resolver nossos sentimentos.

Como um jovem empreendedor me disse depois de decidir arriscar tudo e começar um novo negócio: "Eu desisti da ideia de me livrar do nó no meu estômago. Mas pelo menos agora eu posso fazê-los desatar a maior parte do tempo."

Você, é claro, tem uma tremenda ferramenta para a tomada de decisões, certo? Se você fez os exercícios de definição de metas (Você fez, não fez? Se não, nunca é tarde demais para fazê-los), você tem um plano de longo e curto prazo para sua vida. Tudo o que você precisa fazer agora é decidir agir mostrando o *desejo* adequado.

Desejo

Como se ganha desejo? Eu não acho que posso responder isso de maneira direta, porque há muitas. Mas eu sei duas coisas sobre o desejo:

1. Vem de dentro e não de fora.

2. Pode ser desencadeada por forças externas.

Quase tudo pode desencadear o desejo. É uma questão de tempo tanto quanto de preparação. Pode ser uma música que dá um aperto no coração. Pode ser um sermão memorável. Pode ser um filme, uma conversa com um amigo, um confronto com um inimigo ou uma experiência amarga. Mesmo um livro como este pode desencadear o mecanismo interno que fará com que algumas pessoas digam: "Eu quero isso agora!"

Portanto, enquanto procura o seu "botão de acesso" do desejo puro e natural, acolha em sua vida cada experiência positiva. Não erga uma parede para protegê-lo de experimentar a vida. A mesma parede que mantém fora a decepção também mantém fora a luz do sol de experiências enriquecedoras. Então, deixe a vida tocá-lo. O próximo toque pode ser aquele que muda sua vida.

Resolução

Resolução diz: "Eu vou". Essas duas palavras estão entre as mais potentes da língua inglesa: EU VOU.

Benjamin Disraeli, o grande estadista britânico, disse certa vez: "Nada pode resistir a uma vontade humana que estabeleça até mesmo sua existência na extensão de seu propósito". Em outras palavras, quando alguém resolve "fazer ou morrer", nada pode detê-lo.

O alpinista diz: "Vou escalar a montanha. Eles me disseram que é muito alto, é muito longe, é muito íngreme, é muita rochosa, é muito difícil. Mas é a *minha* montanha. *Vou* escalá-la. Você logo me verá acenando do topo ou você nunca me verá, porque a menos que eu atinja o pico, eu não retornarei." Quem pode argumentar com tal determinação!

Quando confrontado com tal determinação de mão de ferro, posso ver o Tempo, o Destino e a Circunstância convocando uma conferência apressada e decidindo: "Podemos muito bem deixá-lo ter seu sonho. Ele disse que vai chegar lá ou morrer tentando."

A melhor definição para "determinação" que eu já ouvi veio de uma estudante em Foster City, Califórnia. Como é meu costume, eu estava dando palestras sobre sucesso para um grupo de crianças brilhantes em uma escola secundária. Perguntei: "Quem pode me dizer o que significa *resolução*?" Várias mãos se levantaram, e eu tive alguns desafios muito bons. Mas o último foi o melhor. Uma garota tímida do fundo da sala se levantou e disse com intensidade silenciosa: "Acho que resolução significa prometer a si mesmo que você nunca desistirá". É isso! Essa é a melhor definição que eu já ouvi: PROMETA A SI MESMO QUE VOCÊ NUNCA VAI DESISTIR.

Pense nisso! Por quanto tempo um bebê deve tentar aprender a andar? Quanto tempo você daria ao bebê médio antes de dizer: "É isso, você teve sua chance?" Você diz que isso é uma loucura? Claro que sim. Qualquer mãe no mundo diria: "Meu bebê vai continuar tentando *até* aprender a andar!" Não admira que todos andem.

Há uma lição vital nisso. Pergunte a si mesmo: "Quanto tempo vou trabalhar para tornar meus sonhos realidade?" Sugiro que você responda: "O tempo que for preciso". É disso que se trata a resolução.

AÇÃO

Conhecimento alimentado pela emoção é igual à ação. A ação é a última parte da fórmula. É o ingrediente que garante resultados. Somente a ação pode causar reação. Além disso, apenas a ação positiva pode causar reação positiva.

Ação. O mundo inteiro adora assistir aqueles que fazem as coisas acontecerem, e os recompensa por causar ondas de empreendimento produtivo.

Ressalto isso porque, hoje, vejo muitas pessoas que são realmente vendidas em afirmações. E, no entanto, há um famoso ditado que diz que "a fé sem ação (obras) não serve a nenhum propósito útil". Como é verdade!

Não tenho nada contra afirmações como ferramenta para criar ação. Repetidas para reforçar um plano disciplinado, as afirmações podem ajudar a criar resultados maravilhosos.

Mas há também uma linha muito tênue entre fé e loucura. Veja, afirmações sem ação são o começo da autoilusão. E para o seu bem-estar, há pouco pior do que a autoilusão. É como se a executiva de vendas, que sai de uma reunião toda agitada, dissesse: "Eu vou ser a maior no negócio", mas depois não colocasse nenhum pensamento ou ação disciplinada por trás de suas palavras. Ela poderia estar andando para o oeste à procura do nascer do sol.

QUATRO PERGUNTAS

À medida que nos aproximamos do final de nossa jornada juntos, tenho algumas perguntas que quero que você reflita. A primeira é: Por que você deveria tentar? As crianças, muitas vezes, fazem perguntas com "por que". Esta é uma pergunta importante "por que". Quero dizer, por que acordar cedo? Por que trabalhar tanto? Por que ler tantos livros? Por que fazer tantos amigos? Por que ir tão longe? Por que ganhar tanto? Por que dar tanto?

A melhor resposta para a pergunta "Por que você deveria tentar?" é outra pergunta: Por que não? O que mais você vai fazer com a sua vida? Por que não ver até onde você pode ir? Por que não ver quanto você pode ganhar, ler ou compartilhar? Por que não ver o que você pode se tornar ou o quanto você pode crescer? Por que não? Afinal, você ficará aqui até partir. Por que não ficar aqui em grande estilo?

A terceira pergunta vai um pouco mais longe. Ela exige: "Por que não você?" Algumas pessoas fizeram as coisas mais incríveis com um histórico limitado. Algumas pessoas se saem tão bem que conseguem enxergar tudo. Por que não você?

Por que você não está vendo a névoa da manhã sobre as Ilhas Hébridas, na Escócia? Por que não mergulhar na história da Torre de Londres ou explorar os mistérios sombrios da Espanha? Por que não almoçar em um daqueles cafés charmosos com vista para a famosa Champs Elysées, em Paris? Por que não você?

Não há nada como um passeio pelo Salão de Mirrou, ou como contemplar a Mona Lisa, no Louvre.

Por que não você navega em uma escuna no Caribe? Você sabe onde estão as conchas mais requintadas de Miami? Eu posso te mostrar.

Por que você não faz compras na Quinta Avenida, em Nova York, fica hospedado no Waldorf ou no Plaza ou no Carlisle, tendo ganso assado fatiado em uma cama de strudel de maçã no Luchow's? Por que não beber no pôr do sol do Arizona? Por que você não aproveita tudo o que a vida tem a oferecer, sabendo que é a sua recompensa pelo esforço disciplinado e consistente?

Por que não você?

Agora, meu amigo, aqui está a minha última pergunta para você: Por que não agora? Por que adiar um futuro melhor quando tudo que é maravilhoso aguarda o seu comando? Chegue a isso hoje mesmo. Adquira alguns livros novos, faça seu plano de metas detalhado, leve um milionário para almoçar, encontre novas maneiras de aumentar sua produtividade, desenvolva um estilo de vida de generosidade e amor, faça um novo esforço para acreditar em si mesmo. Mexa-se.

Por fim, peça a ajuda de Deus. Sim, acredito que o nosso sucesso futuro depende de nós. Contudo, também sei que todos nós precisamos de sustentação espiritual, em especial quando nossa determinação enfraquece, quando enfrentamos adversidades.

Há uma história sobre um homem que pegou uma pilha de rocha e, em dois anos, a transformou em um lindo jardim cheio das mais belas flores. Um dia, um homem santo apareceu. Ele tinha ouvido falar sobre o jardim, enquanto sua fama se espalhava por quilômetros. Porém, ele também queria ter certeza de que o jardineiro não se esqueceria do Grande Criador. Então ele disse: "Jardineiro, o Senhor certamente o abençoou com um belo jardim". O jardineiro entendeu. "Você está certo, homem santo", disse ele. "Se não fosse pela luz do sol, a chuva, o solo e o milagre da semente e das estações, não haveria jardim algum. Mas você deveria ter visto este lugar há alguns anos, quando Deus ainda o tinha para Si mesmo."

● ● ●

Você e eu recebemos os dons da vida, mas cabe a nós decidir se vamos usar as leis de Deus para criar e prosperar.

Anotações

… Anotações

Anotações • **145**

EDITORA ALAÚDE

CONHEÇA OUTROS LIVROS

ALCANCE SEU POTENCIAL MAIS ELEVADO E UMA COMPREENSÃO MAIS PROFUNDA DE SI MESMO.

Com insights sobre inteligência social e emocional, o poder da atenção, consciência corporal, respiração, plenitude e transcendência — e com dezenas de ilustrações das posturas da ioga —, Vivendo na luz é um guia para você construir um futuro brilhante e esclarecedor.

- Ioga
- Meditação

SE FOSSE FAZER APENAS UMA COISA PARA TRANSFORMAR SUA SAÚDE, O QUE SERIA?

Todos queremos maneiras rápidas e fáceis de melhorar nossa saúde, mas quando se trata de dieta, condicionamento físico e bem-estar, pode ser difícil separar os fatos dos modismos. Dr. Mosley traz à luz pequenas coisas que você pode introduzir em sua rotina diária que terão um grande impacto em sua saúde mental e física.

- Transformação pessoal
- Vida fitness

Todas as imagens são meramente ilustrativas.

Este livro foi impresso nas oficinas gráficas da Editora Vozes Ltda.,
Rua Frei Luís, 100 – Petrópolis, RJ.